全民阅读
中华优秀传统文化
经典系列
刘苍劲 丛书主编

笠翁对韵

清·李渔 著
邓启铜 诸华 注释
王佳佳 导读
鲍桂 刘苏慧 配音

北京师范大学出版集团
北京师范大学出版社

图书在版编目(CIP)数据

笠翁对韵/李渔著，邓启铜，诸华注释．—北京：北京师范大学出版社，2019.2(2020.9重印)

(中华优秀传统文化经典系列)

ISBN 978-7-303-23096-9

Ⅰ．①笠…　Ⅱ．①李…②邓…③诸…　Ⅲ．①诗词格律－中国－启蒙读物②《笠翁对韵》－注释　Ⅳ．①H194.1②I207.21

中国版本图书馆 CIP 数据核字(2017)第 289894 号

营销中心电话　010-58805072　58807651
北师大出版社高等教育与学术著作分社　http://xueda.bnup.com

LI WENG DUI YUN

出版发行：	北京师范大学出版社　www.bnupg.com
	北京市西城区新街口外大街 12-3 号
	邮政编码：100088
印　　刷：	保定市中画美凯印刷有限公司
经　　销：	全国新华书店
开　　本：	787 mm×1092 mm　1/16
印　　张：	8.25
字　　数：	150 千字
版　　次：	2019 年 2 月第 1 版
印　　次：	2020 年 9 月第 2 次印刷
定　　价：	30.00 元

策划编辑：祁传华　魏家坚	责任编辑：祁传华
美术编辑：王齐云	装帧设计：王齐云
责任校对：陈　民	责任印制：陈　涛

版权所有　侵权必究

反盗版、侵权举报电话：010-58800697
北京读者服务部电话：010-58808104
外埠邮购电话：010-58808083
本书如有印装质量问题，请与印制管理部联系调换。
印制管理部电话：010-58808284

继承和弘扬中华优秀传统文化 大力加强社会主义核心价值观教育

中华文化源远流长、灿烂辉煌。在五千多年文明发展中孕育的中华优秀传统文化，积淀着中华民族最深沉的精神追求，代表着中华民族独特的精神标识，是中华民族生生不息、发展壮大的丰厚滋养，是中国特色社会主义植根的文化沃土，是当代中国发展的突出优势，对延续和发展中华文明、促进人类文明进步，发挥着重要作用。

中共十八大以来，以习近平总书记为核心的党中央高度重视中华优秀传统文化的传承发展，始终从中华民族最深沉精神追求的深度看待优秀传统文化，从国家战略资源的高度继承优秀传统文化，从推动中华民族现代化进程的角度创新发展优秀传统文化，使之成为实现"两个一百年"奋斗目标和中华民族伟大复兴中国梦的根本性力量。习近平总书记指出："一个国家、一个民族的强盛，总是以文化兴盛为支撑的，中华民族伟大复兴需要以中华文化发展繁荣为条件。""中华传统文化博大精深，学习和掌握其中的各种思想精华，对树立正确的世界观、人生观、价值观很有益处。"

中华文化独一无二的理念、智慧、气度、神韵，增添了中国人民和中华民族内心深处的自信和自豪，也孕育培养了悠久的文化传统和富有价值的文化因子。传承发展中华优秀传统文化，就要大力弘扬讲仁爱、重民本、守诚信、崇正义、尚和合、求大同等核心思想理念，就要大力弘扬自强不息、敬业乐群、扶危济困、见义勇为、孝老爱亲等中华传统美德，就要大力弘扬有利于促进社会和谐、鼓励人们向上向善的思想文化内容。当前，我们强调培育和弘扬社会主义核心价值观，必须立足中华优秀传统文化，使中华优秀传统文化成为涵养社会主义核心价值观的重要源泉。核心价值理念往往与文化传统与文化积淀息息相关、一脉相承。社会主义核心价值观充分体现了对中华优秀传统文化的继承和升华。"富强、民主、文明、和谐，自由、平等、公正、法治，爱国、敬业、诚信、友善"的社会主义核心价值观，既深刻反映了社会主义中国的价值理念，更是五千年中华优秀传统文化的传承与发展。将中华优秀传统文化作为社会主义核心价值观教育的重要素材，以中华优秀传统文化涵养社会主义核心价值观，是明确文化渊源和民族文魄，树立文化自信和价值观自信，走好中国道路和讲好中国故事的必然要求。

2017年1月，中共中央办公厅、国务院办公厅印发了《关于实施中华优秀传统文化传承发展工程的意见》，将实施中华优秀传统文化传承发展工程上升到建设社会主义文化强国的重大战略任务的高度，力图在全社会形成重视中华优秀传统文化、学习弘扬中华优秀传统文化的氛围。由刘苍劲教授组织广东省上百位专家学者历时三年主编的这套"全民阅读·中华优秀传统文化经典系列"丛书，是广东省贯彻落实习近平总书记关于大力弘扬中华优秀传统文化系列讲话精神的重大举措，是具有广东特色、岭南气派的文化大工程。该套丛书真正体现了全民阅读的需要，每本经典都配有标准的拼音、专业的注释、精美的诵读，使不同阶层、不同文化、不同年龄、不同专业的中国人都可以读懂、读通、读透这些经典。通过客观、公正的导读指导，有机会阅读该丛书的读者都能够在阅读中华优秀传统文化经典中受到历史、政治、科学、人文、道德等多方面的启迪，在阅读中弘扬、在阅读中继承、在阅读中扬弃，从而实现树立社会主义核心价值观的目的。

该丛书质量精良，选题准确，导读科学，值得推荐，是为序。

刘苍劲
2018年6月

序

　　夫珊树交柯，并垂金薤；琪花连蒂，齐擢玉英。羌相对于相当，原无奇而不偶。是以拈生花之管，最戒偏枯；裁织锦之机，须工对仗。盖必因难而见巧，始克推陈以出新。第东观之书既多未见，西园之册尤苦浩繁，即间有裁成对字者，如《渊鉴类函》、《分类字锦》、虞世南《兔园册》、白居易《六帖》之类，指不胜屈。然皆分类而不分韵，自非积学之士，未易驱遣如意也。求其尽善尽美，俾鼓珍者取携各便，属对者组织维工，善亦鲜矣。

　　偶检箧笥，得《笠翁对韵》一编，捧而读之，其采择也奇而法，其搜罗也简而该；其选言宏富，则曹子建八斗才也；其错采鲜明，则江文通五色笔也。班香宋艳，悉入熏陶；水佩风裳，都归裁剪。或正对，或反对，工力悉敌；或就对，或借对，虚实兼到。揆之诗苑类格，上官仪六对之法，无不吻合。洵初学之津梁，而骚坛之嚆矢也。爰付剞劂，公诸同好。庶几扬风扢雅，八叉手远迩比肩；擒藻扬芬，七步才后先接踵矣。是为序。

道光己酉皋月上浣，米东居士题。

古贤诗意图之右军笼鹅　明·杜 堇

松荫会琴图 宋·赵孟頫

目 录

导　读　　王佳佳 ………… 1

上 卷

一　东 ………… 5
二　冬 ………… 9
三　江 ………… 13
四　支 ………… 16
五　微 ………… 21
六　鱼 ………… 25
七　虞 ………… 29
八　齐 ………… 34
九　佳 ………… 37
十　灰 ………… 42
十一　真 ………… 46
十二　文 ………… 50
十三　元 ………… 54

十四 寒 ……… 57

十五 删 ……… 61

下 卷

一 先 ……… 67

二 萧 ……… 72

三 肴 ……… 76

四 豪 ……… 80

五 歌 ……… 84

六 麻 ……… 89

七 阳 ……… 94

八 庚 ……… 99

九 青 ……… 103

十 蒸 ……… 106

十一 尤 ……… 109

十二 侵 ……… 113

十三 覃 ……… 116

十四 盐 ……… 119

十五 咸 ……… 123

导　读

王佳佳

　　中华文化源远流长，它们如一颗颗明亮的星星，在历史长河中闪耀，至今仍发挥着它们自身的价值。中国古代的诗词、戏曲、楹联、骈体文等韵语文字，都讲究平仄对仗的声韵之美。成书于明清时代的《笠翁对韵》《声律启蒙》《声律发蒙》《时古对类》等，都是旧时流行最广的学习诗韵对仗和词语典故的蒙学名篇。《笠翁对韵》就是传统文化中的一部经典之作，也是中国传统启蒙教育的重要组成部分，它为训练儿童作诗对句、掌握声韵格律，做出了优秀的示范。

　　《笠翁对韵》是清代以来学习韵对的重要启蒙读物，对诗词、楹联和骈体文的写作有着广泛的影响。其作者是清代学者李渔。李渔（1611—约1679年），字笠鸿，号笠翁，浙江兰溪人，清初著名的戏曲家和作家，他原名仙侣，字谪凡，号天徒，到了中年时才改名为李渔。除了《笠翁对韵》之外，他所作的《闲情偶寄》一书也非常著名。《笠翁对韵》以平水韵的三十个韵部为目，把常见的韵字都组织进了韵语，这些韵语又都是富有文采的符合格律的对子。该书的特点是辞藻丰富、优美，典故众多。熟读《笠翁对韵》，对于我们学会鉴赏和写作诗词，通晓中国文字韵律的精妙和优美有很大的帮助。

　　此书是仿照《声律启蒙》写成，因此叫《笠翁对韵》。全书分为上下两卷，以平水韵的三十个韵部（上平声、下平声各十五韵）为目，按韵分编，上卷十五韵，分别是东、冬、江、支、微、鱼、虞、齐、佳、灰、真、文、元、寒、删；下卷十五韵，分别是先、萧、肴、豪、歌、麻、阳、庚、青、蒸、尤、侵、覃、盐、咸。书中的内容包罗天文、地理、花木、鸟兽、人物、器物等的虚实应对，融进了大量的神话传说和历史故事、常见的典故和俗语，这些内容对于人们作诗吟对是相当丰富的材料，使用起来非常方便。在编排上，从单字对到双字对，从三字对、五字对、七字对到十一字对，声韵协调，朗朗上口，让学生在语音、词汇、修辞等方面得到很好的训练。对偶是修辞学上的辞格之一，在古诗文和楹联写作中尤其讲究，也是旧时童生必须反复训练的基本功。对偶的上下句要求字数相等，对应位置的词性相同、词意相反、平仄相对，上句收于仄声，下句收于平声，再辅以协调的声韵，读起来便会有抑扬顿挫的美感。《笠翁对韵》过去不仅限于学堂教习，而且和家传户诵的《千家诗》联璧刊行，在社会上也得以广泛流传，很受诗歌爱好者的青睐。今天作为诗词韵对技巧的一种基本训练形式，仍然有其不可替代的作用，是帮助广大青少年朋友学习诗歌、楹联有益的向导。

《声律启蒙》分90则，《笠翁对韵》分91则，每则短短六句，却已包含从一字、二字直到十一字的对联或对联片语（相当于"元件"或"部件"）十对，两书共181则。而且，每则串大量集典（《笠翁对韵》最甚），很有利于读者"速成"地掌握一定数量的史实典故。据我们统计，二书含典故、史实及古文习语（如"三台""四凶""五湖""六市"等）2000余条，实可视为一部中小型辞典。客观地审视这两本书，它们确有不少独特的长处：一是着眼于让读者在不大的篇幅中尽可能多地了解对联的艺术技巧，而不是仅仅收罗各种对联。二是内容浓缩集中，编排紧凑有致。三是对仗力求工稳（如细致到偏旁、部首均相对应的地步）、平仄力求协调。这与一般对联选辑不同，优秀的对联是首求立意，其次始求形式完美。此书作为入门书，则侧重形式的严整。四是二书均按运用最为广泛的诗韵，即通常所谓的"平水韵"分韵，以上、下平声所有30韵分目（对联须以平声结尾，故无涉上、去、入声各韵），每韵平均有对文3则，大体覆盖了该韵常用字。这样一来，此二书又部分地具有韵书的功用。不过，由于时代和作者思想的局限，《笠翁对韵》的内容夹杂了一些不健康的成分，这是需要引起注意的，我们要多学习其优秀的文化思想内容，摈弃封建糟粕、不合时宜的文化。

上卷

夏五吟梅图　清·王翚

一 东①

❶ 天对地，雨对风。大陆对长空。山花对海树，赤日对苍穹②。雷隐隐③，雾蒙蒙。日下对天中。风高秋月白，雨霁晚霞红④。牛女二星河左右⑤，参商两曜斗西东⑥。十月塞边，飒飒寒霜惊戍旅⑦；三冬江上，漫漫朔雪冷渔翁⑧。

❷ 河对汉⑨，绿对红。雨伯对雷公。

注释：①本书以上海会文堂新记书局印行《绘图千家诗注释》附《笠翁对韵》为底本。②苍穹：天空。③隐隐：隐约，雷声。④霁：雨后或雪后天气转晴。⑤"牛女"句：指牛郎星和织女星在银河两边。河，银河。⑥"参商"句：参和商都是二十八宿之一，两者不同时在天空中出现。传说参商二星是古代高辛氏的两个儿子，因兄弟争斗不已，被安排在两个永不能相见的位置上。曜，泛指日、月、星辰。斗，即"斗宿"，指北斗星。⑦戍旅：守边的军队。⑧朔：北方。⑨河、汉：黄河、汉水。

烟楼对雪洞，月殿对天宫。云叆叇①，日曈曚②。蜡屐对渔篷③。过天星似箭，吐魄月如弓④。驿旅客逢梅子雨⑤，池亭人挹藕花风⑥。茅店村前，皓月坠林鸡唱韵；板桥路上，青霜锁道马行踪。

注释：①**叆叇：**形容浓云蔽日。②**曈曚：**不明亮的样子。③**蜡屐：**涂蜡的木鞋。古人以蜡涂屐，使其光亮防潮。晋代阮孚喜欢以蜡涂屐，谢灵运也有登山的蜡屐。屐，木头鞋。④**吐魄：**指月亮上弦初生或下弦将没时发出的微光。⑤**驿旅：**古代的驿站和旅舍。**梅子雨：**江南黄梅季（在农历五月前后）多雨，又称"黄梅雨"。⑥**挹：**通抑，迎。

天河配·杨柳青木版年画

❸ 山对海，华对嵩①。四岳对三公②。宫花对禁柳，塞雁对江龙。清暑殿③，广寒宫④。拾翠对题红⑤。庄周梦化蝶⑥，吕望兆飞熊⑦。北牖当风停夏扇⑧，南帘曝日省冬烘⑨。鹤舞楼

注释：①华：陕西华阴市南的华山。本书下划线标注处为专有人名或地名，下同。嵩：河南登封市的嵩山。②四岳：四方诸侯之长。三公：古代天子以下最大的三个官员，泛指朝廷重臣；一说指星名。③清暑殿：晋宫殿名。④广寒宫：传说月亮中的宫殿叫广寒宫。⑤拾翠：采拾花草。曹植《洛神赋》："或采明珠，或捡翠羽。"题红：在红叶上题诗。传说古代有宫女题诗于树叶，自宫中御沟流出为外人所拾。⑥庄周梦化蝶：庄子曾梦见自己化为一只蝴蝶。⑦吕望：姜姓，吕氏，名尚，字子牙，号"太公望"，所以又叫吕望。吕望是周初大臣，官太师，辅佐武王伐纣灭殷。传说吕望曾垂钓于渭水，周文王将出猎，先进行占卜，卜得的卦辞说将要得到的不是虎也不是熊，而是辅臣。果然出猎时遇到了姜尚，被后人讹传为梦飞熊而得太公望。⑧牖：窗户。⑨曝日：晒太阳。冬烘：冬日烘烤的火炉。

灞桥风雪图　明·吴伟

tóu　yù　dí　nòng　cán　xiān　zǐ　yuè　　fèng xiáng　tái shàng　zǐ
头，玉笛弄残仙子月；凤翔台上，紫
xiāo chuī duàn měi rén fēng
箫吹断美人风。

梦蝶图　元·刘贯道

二 冬

① 晨对午，夏对冬。下饷对高春①。青春对白昼，古柏对苍松。垂钓客，荷锄翁。仙鹤对神龙。凤冠珠闪烁，螭带玉玲珑②。三元及第才千顷③，一品当朝禄万钟④。花萼楼间⑤，仙李盘根调国脉⑥；沉香亭畔⑦，娇杨擅宠起边风⑧。

注释：①**下饷**：一饷或半饷表示片时，下饷表示下午。**高春**：傍晚。春是地名，古代传说中日落的地方。②**螭带**：螭是古代传说中没有角的龙。螭带即带钩上以螭的形状做装饰的玉带。③**三元**：科举时代的乡试、会试、殿试的第一名合称三元。④**钟**：古代容量单位，六斛四斗为一钟，一说十釜为一钟。⑤**花萼楼**：唐玄宗建有花萼楼，兄弟五人常在楼中宴饮作乐。⑥"**仙李**"**句**：我国春秋时期道家学派老子李耳，被后世尊为道教之祖，称"仙李"。仙李盘根比喻唐代李氏三朝宗室繁衍，根基牢固。调国脉，治理国家。⑦**沉香亭**：唐玄宗在宫苑建有沉香亭，曾与杨贵妃在此赏牡丹花。⑧**娇杨**：杨贵妃。**擅宠**：指杨贵妃受到唐玄宗的专宠。擅，独、专。**边风**：边疆生乱。按：此段的"翁"和"风"，在"一东"中已出现过，这里"二冬"又出现。按平水韵，一字不可属两韵。于是有人怀疑《笠翁对韵》乃书贾伪托。然李渔在《笠翁诗韵》自序中说，他并不拘泥于古音，有时会从今音，以求诗词音韵悦耳动听。所以我们也不可认定此书为伪作。

2 清对淡,薄对浓。暮鼓对晨钟。山茶对石菊,烟锁对云封。金菡萏,玉芙蓉①。绿绮对青锋②。早汤先宿酒③,晚食继朝饔④。唐库金钱能化蝶⑤,延津宝剑会成龙⑥。巫峡浪传,云雨荒唐神女庙⑦;岱宗遥望,儿孙罗列丈人峰⑧。

注释: ①**菡萏、芙蓉:** 均是荷花的别称。②**绿绮:** 古琴名。**青锋:** 古剑名。③**宿酒:** 隔夜未消的酒意。④**朝饔:** 即早餐。饔,熟食,有时专指早餐。⑤"**唐库**"句:相传唐穆宗在夜间举行酒宴,库中金银化为黄白花蝴蝶在花丛中飞舞聚集。⑥"**延津**"句:传说晋朝雷焕任丰城县令时掘地得双剑,后来其儿子经过延平津时,所佩剑脱鞘跃入水中化龙游去。⑦"**巫峡**"二句:传说楚王游高唐,梦见神女自称是巫山神女,朝为行云,暮为雨雾。楚王于是为神女立庙,称神女庙。⑧**岱宗:** 泰山的别称。**儿孙罗列:** 比喻泰山群峰丛集,语出杜甫《望岳》诗:"诸峰罗立如儿孙。"此岳原指西岳华山。**丈人峰:** 泰山峰名。

沉香亭图 清·袁江

3 繁对简,叠对重。意懒对心慵①。仙翁对释伴②,道范对儒宗。花灼灼③,草茸茸④。浪蝶对狂蜂。数竿君子竹⑤,五树大夫松⑥。高皇灭项凭三杰⑦,虞帝承尧殛四凶⑧。内苑佳

注释: ①慵:困倦;懒。②释:佛教。③灼灼:明亮。④茸茸:短密而柔软。⑤君子竹:竹节中空,比喻为有虚心品德的君子。⑥五树大夫松:相传秦始皇登泰山遇雨,避于五棵松树下,后来册封为五大夫。⑦高皇:汉高祖刘邦。项:楚霸王项羽。三杰:指萧何、韩信、张良,他们辅助刘邦灭了项羽,建立汉朝。⑧殛:杀死。四凶:指尧舜时危害部落联盟、不断挑起战乱的四个部落首领。《尚书》说是鲧、共工、驩兜、三苗。《左传》说是穷奇、浑敦、饕餮、梼杌。

上卷

◎ 二冬

巫山神女图 清·吴友如

11

人^①，满地风光愁不尽；边关过客，连天烟草憾无穷^②。

注释：①内苑：宫廷御苑。②穷：按平水韵亦属于"一东"。然李渔说："使古人至今而在，则其声也，亦必同于今人之口。"他声称，不敢取古人所定音韵，稍加改动而占为己有。他是要顺应时代而推陈出新。本书还存在此类情况，不再列举，读者亦不可轻易怀疑本书系伪作。

汉宫春晓图　明·尤　求

三江

1. 奇对偶①，只对双。大海对长江。金盘对玉盏，宝烛对银釭②。朱漆槛③，碧纱窗。舞调对歌腔。兴汉推马武④，谏夏著龙逄⑤。四收列国群王伏⑥，三筑高城众敌降⑦。跨凤登台，潇洒仙姬秦弄玉⑧；斩蛇当道，英雄天子汉刘邦⑨。

2. 颜对貌，像对庞。步辇对徒杠⑩。

注释： ①奇：单的，不成对的，与偶相对。②釭：油灯。③槛：栏杆。④马武：东汉光武帝武将，战功卓著，封扬虚侯。⑤谏夏著龙逄：夏朝大臣关龙逄，因对夏桀王敢于直谏而被杀。⑥"四收"句：宋代大将曹彬带兵平南唐、西蜀、南汉、北汉。⑦"三筑"句：唐代大将张仁希望在塞外筑三座受降城来阻止北方来犯之敌。⑧"跨凤"二句：相传秦穆公为其女弄玉筑凤台，弄玉与丈夫萧史一同吹箫引来凤凰，二人乘凤成仙而去。⑨"斩蛇"二句：传说汉高祖刘邦早年曾路遇一蛇，拔剑斩之。原来蛇是白帝之子，而刘邦是赤帝之子，因此秦亡而汉兴。⑩步辇：古代供皇帝和皇后乘坐的用人抬行的辇车。徒杠：供人步行通过的桥。

停针对搁筑①，意懒对心降②。灯闪闪，月幢幢③。揽辔对飞舡④。柳堤驰骏马，花院吠村龙⑤。酒量微酡琼杏颊⑥，香尘没印玉莲躞⑦。诗写丹

注释：①筑：古代弦乐器，像琴，有十三根弦，用竹尺敲打。②降：欢悦。《诗经·召南·草虫》："我心则降。"又音 jiàng，平静下来。③月幢幢：形容月影摇晃。④揽辔：拉住驾驭牲口的缰绳。飞舡：快速行船。舡，船。⑤龙：长毛狗。⑥"酒量"句：酒后脸色微红使双颊像美玉一样。酡，酒后脸色发红。琼，美玉。⑦"香尘"句：晋代巨富石崇，曾经在地上撒满香尘，让妻妾在上面行走，通过鞋印来试鞋底大小。玉莲，比喻女子的脚。躞，并立。

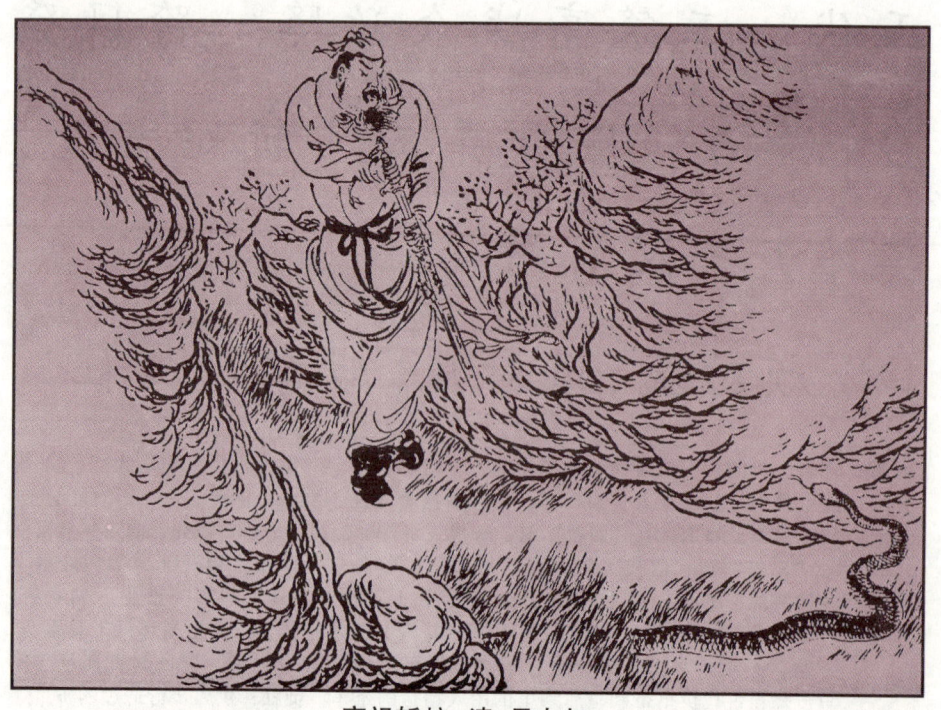

高祖斩蛇　清·吴友如

泪弹斑^{lèi tán bān}枫^{fēng}，韩女^{hán nǚ}幽怀流御水^{yōu huái liú yù shuǐ}①；泪弹斑竹^{zhú}，舜妃^{shùn fēi}遗憾积^{yí hàn jī}滹江^{yú jiāng}②。

注释：①"诗写"二句：唐僖宗时，诗人于祐在宫外御沟流水中拾得一片题诗的枫叶，于祐也在枫叶上题诗一首从上游漂回宫中，恰被题诗的韩姓宫女捡到。后来皇帝放宫女出嫁，于祐与韩姓宫女结为夫妇。②"泪弹"二句：舜帝南巡死于苍梧之野，他的两个妃子娥皇和女英追到洞庭哭之，泪洒竹上成为斑竹，又称"湘妃竹"。滹，水名，在今河北省境内，源出太行山。

红叶题诗 清·钱吉生

四 (sì) 支 (zhī)

❶ 泉对石，干对枝。吹竹对弹丝①。山亭对水榭，鹦鹉对鸬鹚②。五色笔③，十香词④。泼墨对传卮⑤。神奇韩干画⑥，雄浑李陵诗⑦。几处花街新夺锦⑧，有人香径淡凝脂⑨。万里烽烟，战士边关争保塞；一犁膏雨⑩，农夫村外尽乘时。

注释：①吹竹：吹奏竹管类乐器。弹丝：弹奏丝弦类乐器。②鸬鹚：水鸟，我国南方多饲养来帮助捕鱼，通称鱼鹰。③五色笔：传说南朝江淹曾梦见神人赠五色笔，于是文思大进，辞章更妙。④十香词：相传为辽代耶律乙辛为陷害正直的萧皇后而命人作的乱情诗。共十首，每首描写一个方面，分：发、乳、颊、颈、舌、口、手、足、阴部及肌肤。⑤泼墨：国画的一种画法，此泛指绘画。传卮：卮是古代盛酒的器具，传卮指多人一起饮酒。⑥韩干：唐代画家，擅画马。⑦李陵：西汉名将李广之孙，善骑射，能赋诗，后战败投降匈奴。⑧夺锦：唐武则天驾临龙门，命群臣作明堂火珠诗，先成者赐锦袍。⑨凝脂：凝固了的油脂，比喻皮肤洁白细嫩。⑩膏雨：滋润万物的雨。膏，滋润。

2 菹对醢①，赋对诗。点漆对描脂。璠簪对珠履②，剑客对琴师。沽酒价③，买山资④。国色对仙姿。晚霞明似锦，春雨细如丝。柳绊长堤千万树，花横野寺两三枝。紫盖黄旗，天象预占江左地⑤；青袍白马，童谣终应寿阳儿⑥。

注释：①菹、醢：碎肉、肉酱。②璠簪：即玉簪，璠是美玉。珠履：饰有珠宝的鞋。③沽酒价：买酒的钱。传说晋阮修好饮酒，常在杖头挂一百钱，逢酒肆便去饮酒。④买山资：买山的钱。《世说新语》载：晋支道林曾打算买山隐居。⑤"紫盖"二句：三国末吴主孙皓时，有术士对他说庚子之年紫盖黄旗当入洛阳，孙皓以为是灭晋的征兆。结果那一年晋国将吴灭了，孙皓被掳入洛阳。紫盖黄旗，帝王仪仗。占，占卜。江左，江东，即长江下游江南地区，是吴国的本土。⑥"青袍"二句：南朝梁武帝时，有童谣唱道："青袍白马寿阳儿。"不久，驻守寿阳的侯景叛乱，军士都穿青袍骑白马。

人日诗画　明·文徵明

3. 箴(zhēn)对赞(zàn)①，缶(fǒu)对卮(zhī)②。萤炤(yíng zhào)[照]对蚕丝(cán sī)③。轻裾(qīng jū)对长袖(cháng xiù)，瑞草(ruì cǎo)对灵芝(líng zhī)。流涕策(liú tì cè)④，断肠诗(duàn cháng shī)⑤。喉舌(hóu shé)对腰肢(yāo zhī)。云中熊虎将(yún zhōng xióng hǔ jiàng)⑥，天上凤凰儿(tiān shàng fèng huáng ér)⑦。禹庙千年(yǔ miào qiān nián)

注释：①箴、赞：都是古代的文体，箴以规劝告诫为主，赞的内容是称赞人和物。②缶：古代盛酒水等的陶器，肚大口小。卮：古代盛酒的器具。③炤：同照。④流涕策：西汉贾谊的《治安策》中有"可为此流涕"的句子，故称"流涕策"。策，古代文体，多就政治和经济问题设问对答。⑤断肠诗：宋代女诗人朱淑真有诗集名《断肠集》。⑥云中：汉代设有云中郡，在今山西北部。⑦天上：指朝廷。凤凰儿：中书省掌管朝廷机要，称"凤凰池"，凤凰儿指在中书省任职的官员。

柳塘牧马图 宋·佚 名

垂橘柚①，尧阶三尺覆茅茨②。湘竹含烟，腰下轻纱笼玳瑁③；海棠经雨，脸边清泪湿胭脂。

❹ 争对让，望对思。野葛对山栀④。仙风对道骨，天造对人为。专诸剑⑤，博浪椎⑥。经纬对干

注释：①"禹庙"句：杜甫《禹庙》诗有"荒庭垂橘柚，古屋画龙蛇"的句子。②茅茨：用茅草盖的屋顶。《韩非子·五蠹》："尧之王天下也，茅茨不翦。"③玳瑁：一种海生动物，形状像龟，甲壳可以做装饰品。此指玳瑁壳做的装饰品。④葛：多年生藤本植物。栀：常绿灌木或小乔木。⑤专诸剑：专诸是春秋时的刺客。伍子胥向公子光推荐专诸，专诸藏剑于鱼腹中刺杀吴王僚。⑥博浪椎：传说西汉张良早年曾趁秦始皇巡游时，在博浪沙用铁椎刺杀秦始皇，结果误中副车。椎，捶击具。

题竹图 明·杜堇

支①。位尊民物主，德重帝王师。望切不妨人去远②，心忙无奈马行迟。金屋闭来，赋乞茂陵题柱笔③；玉楼成后，记须昌谷负囊词④。

注释：①干支：天干和地支的合称。我国古代以十干和十二支相配，共配成六十组，用来表示年、月、日的次序，周而复始，循环使用。现农历的年份仍用干支。②切：急切，殷切。③"金屋"二句：汉武帝年幼时曾说愿娶得阿娇以金屋贮之。后来阿娇受陈皇后的嫉妒而被冷落。失宠后的阿娇独居长门宫，司马相如于是作《长门赋》以期打动汉武帝。茂陵：此指司马相如，他曾居住于茂陵。题柱笔：史载汉文学家司马相如初去长安，过成都升仙桥时曾题诗桥柱。④"玉楼"二句：唐代诗人李贺曾梦见神人告诉他："上帝白玉楼成，命君作记。"李贺每次出行都要背一个锦囊，偶得佳句便记之投入囊中。李贺故里在昌谷川，故以昌谷称李贺，其诗集名《昌谷集》。

博浪飞椎 清·吴历

五微 wǔ wēi

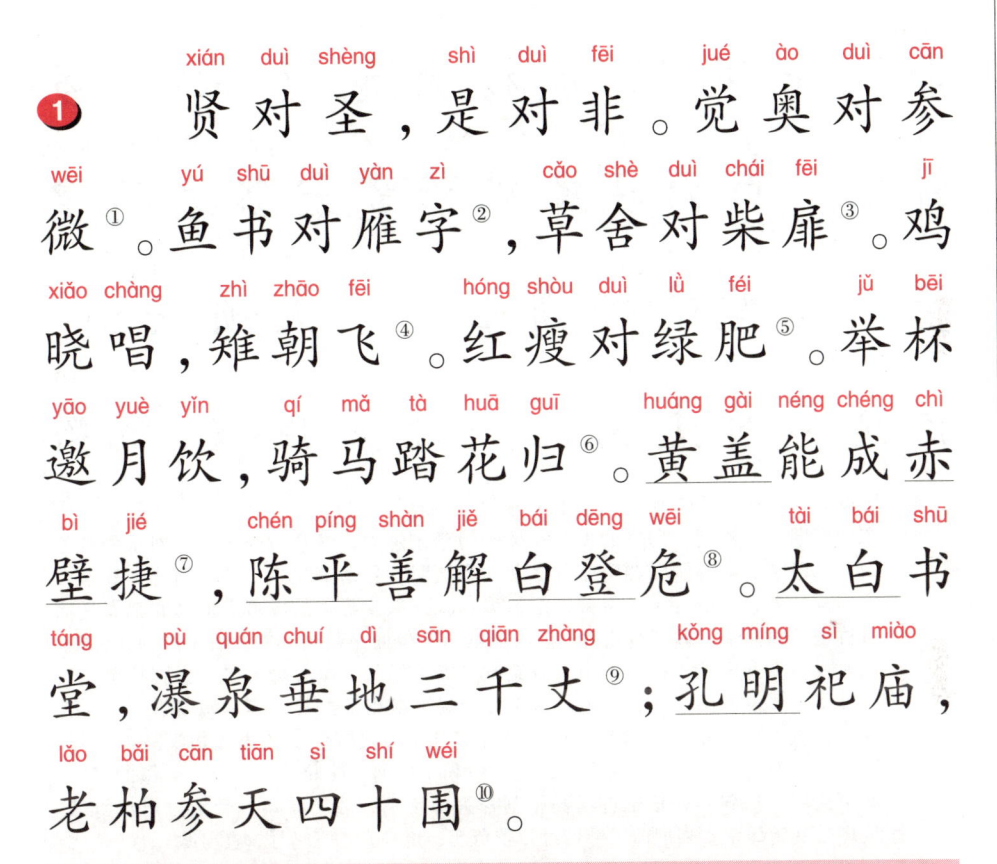

① 贤对圣,是对非。觉奥对参微①。鱼书对雁字②,草舍对柴扉③。鸡晓唱,雉朝飞④。红瘦对绿肥⑤。举杯邀月饮,骑马踏花归⑥。黄盖能成赤壁捷⑦,陈平善解白登危⑧。太白书堂,瀑泉垂地三千丈⑨;孔明祀庙,老柏参天四十围⑩。

注释:①**觉奥、参微**:领会、参透深奥、微妙的道理。②**鱼书**:即书信。汉乐府《饮马长城窟行》:"呼儿烹鲤鱼,中有尺素书。"**雁字**:也指书信。汉苏武出使匈奴被拘留十九年仍然活着,朝廷知道后假称从射落的大雁足上得到苏武传递的书信,使匈奴放还苏武。后世因此称书信为"雁书""雁字"。③**扉**:门扇。④**雉朝飞**:汉乐府琴曲名。雉,野鸡,山鸡。⑤**红瘦对绿肥**:李清照《如梦令》:"应是绿肥红瘦。"⑥**举杯邀月饮**:李白诗《月下独酌》:"举杯邀明月。"**骑马踏花归**:传宋徽宗出画题"踏花归去马蹄香",最好的画是在一匹马的旁边加上几只飞舞的蝴蝶。⑦**"黄盖"句**:三国时东吴名将黄盖,配合主帅周瑜用"苦肉计"诈降曹操,火烧赤壁,击败曹操大军。⑧**"陈平"句**:西汉初,汉高祖刘邦被匈奴困于白登山,谋士陈平用美人计解围。⑨**"瀑泉"句**:李白诗《望庐山瀑布》:"飞流直下三千尺,疑是银河落九天。"⑩**"老柏"句**:杜甫诗《古柏行》有"孔明庙前有老柏"、"霜皮溜雨四十围,黛色参天二千尺"的句子。参天,(树木)等高耸在天空中。围,古代计量周围的单位,八尺为一围,一说合抱为一围。四十围形容树干很粗。

2

戈对甲，幄对帷。荡荡对巍巍。严滩对邵圃①，靖菊对夷薇②。占鸿渐③，采凤飞。虎榜对龙旗。心中罗锦绣④，口内吐珠玑⑤。宽宏豁达高皇量⑥，叱咤喑哑霸王威⑦。灭项兴刘，狡兔尽时走狗死⑧；连吴拒魏，貔貅

注释：①严滩：又称"子陵滩"，是东汉隐士严光在富春江钓鱼处。严光，字子陵，光武帝的好朋友。邵圃：邵平的瓜园。邵平为秦东陵侯，秦亡后为布衣，回家种瓜务农。②靖菊：即东晋陶渊明所种之菊。陶渊明，号靖节先生，喜爱菊花，辞官归隐，以种菊、赏菊为乐。夷薇：指伯夷和叔齐采食野菜的故事。伯夷和叔齐是商孤竹国君的儿子，孤竹君死后，因不愿继承王位而一起逃到周。后来周朝灭掉商，二人发誓不食周粟，在首阳山采野菜吃，终至饿死。薇，野菜名，野豌豆苗，又叫巢菜。③占鸿渐：占，占卜。鸿渐是《易》卦中的卦辞，表示嫁女吉利。④锦绣：指美好的文章。⑤珠玑：比喻言辞如珠玉般美好。⑥高皇：指汉高祖刘邦，历史上认为他宽宏豁达。⑦霸王：指西楚霸王项羽。叱咤喑哑：令人震慑的怒吼。⑧"灭项"二句：韩信辅佐汉高祖刘邦灭掉项羽，战功赫赫，后来为刘邦所忌。最终为吕后捕杀。临刑前，韩信说：狡兔死，走狗烹；飞鸟尽，良弓藏。

古贤诗意图之举杯邀月　明·杜堇

屯处卧龙归①。

3 衰对盛，密对稀。祭服对朝衣。鸡窗对雁塔②，秋榜对春闱③。乌衣巷④，燕子矶⑤。久别对初归。天姿真窈窕，圣德实光辉。蟠桃紫阙来金母⑥，

注释：①"连吴"二句：指诸葛亮辅佐刘备联吴拒曹。貔貅，古书上说的一种猛兽，比喻勇猛的军队。卧龙，指诸葛亮。诸葛亮辅佐刘备前曾隐居南阳，号称卧龙。②鸡窗：晋兖州刺史宋处宗将窗外之鸡当作谈话的对象，学问大有长进。雁塔：唐韦肇（也有说是张莒）及第后，曾在大雁塔题名，后来及第之人争相仿效，相沿成习。③秋榜：秋试之榜。明清科举，秋季在各省城考取举人。春闱：春季礼部选拔进士的考试。④乌衣巷：是金陵六朝遗迹，在南京秦淮河南。原是三国时吴乌衣营驻地，南朝时为王、谢名门望族的居处。⑤燕子矶：在南京紫金山东北长江边。矶，水边突出的岩石或石滩。⑥"蟠桃"句：传说西王母曾降临汉宫阙，赠汉武帝蟠桃。阙，古代皇宫大门前两边供瞭望的楼，泛指帝王的住所。金母，指西王母。

武侯高卧图　明·朱瞻基

岭荔红尘进玉妃①。霸王军营，亚父丹心撞玉斗②；长安酒市，谪仙狂兴换银龟③。

注释：①"岭荔"句：史载杨贵妃喜吃鲜荔枝，皇帝命驿马从岭南驰送长安，限七日内到达。杜牧诗有"一骑红尘妃子笑，无人知是荔枝来"之句。岭荔，岭南荔枝。②"霸王"二句：楚汉相争时，项羽驻军灞上，在鸿门设宴与刘邦相见，范增让项羽在席间杀死刘邦，项羽不从，放走刘邦，范增怒而撞碎刘邦所赠玉斗。霸王，即项羽。亚父，指项羽军师范增。③"长安"二句：此处可解释为李白在长安时曾以所佩银龟换酒饮。可能是作者误记，于史无考。而李白在《对酒忆贺监》诗序中提到贺知章在长安酒市解金龟换酒与李白畅饮。译文从之。谪仙，指李白，时人称他"谪仙人"。

燕子矶图·杨柳青年画

六　鱼

❶ 羹对饭，柳对榆。短袖对长裾。鸡冠对凤尾，芍药对芙蕖①。周有若②，汉相如③。王屋对匡庐④。月明山寺远，风细水亭虚。壮士腰间三尺剑，男儿腹内五车书⑤。疏影暗香，和靖孤山梅蕊放⑥；轻阴清昼，渊明旧宅柳条舒⑦。

❷ 吾对汝，尔对余。选授对升除⑧。

注释：①芙蕖：荷花的别名。②有若：春秋鲁人，字子有，孔子弟子。③相如：西汉文学家司马相如。④王屋：王屋山，在今山西、河南之间。匡庐：即庐山，在今江西九江。⑤五车书：即"学富五车"，形容读书多，知识渊博。语出《庄子·天下》篇。⑥"疏影"二句：宋代林逋，字和靖，以爱梅和梅诗著称，他自称以梅为妻，以鹤为子。孤山在杭州西湖，是他隐居种梅处。"疏影暗香"出自林逋《梅花》诗："疏影横斜水清浅，暗香浮动月黄昏。"⑦"渊明"句：东晋陶渊明在自家门前种了五棵柳树，自称"五柳先生"。⑧选授：指科举考试选拔授官。升除：升迁和授职。古代任命官职叫除。

书箱对药柜，耒耜对耰锄①。参虽鲁，回不愚②。阀阅对阎闾③。诸侯千乘国④，命妇七香车⑤。穿云采药闻仙人，踏雪寻梅策蹇驴⑥。玉兔金乌，二气精灵为日月⑦；洛龟河马，

注释：①**耒耜对耰锄**：耒耜和耰锄都是我国古代农耕的工具。耒耜用来翻土，耰锄用来弄碎土块，平整田地。②**参虽鲁，回不愚**：都是孔子的话。参、回，孔子的弟子曾参、颜回。③**阀阅**：先辈有功勋的世家。**阎闾**：通作"闾阎"，平民居住的地区。④**诸侯千乘国**：周制规定诸侯国可以有车马千乘，称"千乘之国"。乘，古代称四匹马拉的车一辆为一乘。⑤**命妇**：封建社会朝廷授予封号的妇女。**七香车**：用多种香料涂饰的车子。相传曹操曾赠给杨彪七香车二（或作"一"）乘。⑥**"穿云"句**：据传汉明帝永平五年，剡县刘晨阮肇入天台山采药，遇两仙女，被邀家中招为婿，后归乡，亲旧零落，邑屋改异，问讯得七世孙，传闻上世入山，迷不得归。**"踏雪"句**：相传唐代诗人孟浩然曾有骑蹇驴踏雪寻梅引发诗兴之事。蹇，跛。⑦**"玉兔"二句**：神话传说中，月宫中有捣药的玉兔，太阳中有三足乌，古代常用玉兔、金乌指代月亮和太阳。乌，常认为是乌鸦，但也有人认为是一种神鸟，因为呈黑色，故称"乌"。

宅边五柳树 清·吴友如

五行生克在图书①。

3 欹对正②，密对疏。囊橐对苞苴③。罗浮对壶峤④，水曲对山纡⑤。骖鹤驾⑥，待鸾舆⑦。桀溺对长沮⑧。搏虎

注释：①"洛龟"二句：古代传说，洛水有神龟负书而出，即洛书；黄河有神马负图出现，即河图。五行，即《尚书》所说的金、木、水、火、土五种物质，古代思想家企图用这五种物质来说明世界万物的起源。迷信的人用五行相生相克来推算人的命运。②欹：倾斜，歪。③囊橐对苞苴：囊和橐都是口袋。苞苴，包裹。④罗浮、壶峤：神话中传说的山名。⑤山纡：指山弯、山坳。纡，弯曲，回转。⑥骖：本义为一车所驾的三匹马，或驾车时辕马两旁的马，此处作动词用，驾驶。鹤驾：仙人的车驾。⑦鸾舆：鸾舆指有鸾铃的车。鸾，铃。⑧桀溺、长沮：《论语·微子》中提到的两位隐者，曾嘲笑孔子。

踏雪寻梅图 · 杨柳青年画

卞庄子①，当熊冯婕妤②。南阳高士吟梁父③，西蜀才人赋子虚④。三径风光⑤，白石黄花供杖履⑥；五湖烟景，青山绿水在樵渔。

注释：①卞庄子：《战国策·秦策》中记录的一位搏虎勇士。②当熊冯婕妤：相传汉元帝观兽，突然一头熊脱笼而出，众人皆惊走，只有冯婕妤用身体挡住熊，使元帝有惊无险，冯婕妤由此得宠。当，抵挡。婕妤，古代女官名，是帝王妃嫔的称号。③"南阳"句：南阳高士即诸葛亮，出山前曾隐居南阳。梁父，即《梁父吟》，汉乐府曲名，诸葛亮隐居时好吟诵此曲。④西蜀才人：指西汉辞赋家司马相如。子虚：司马相如所作《子虚赋》。⑤三径：本指庭院中的小路，后泛指隐士居处。⑥杖履：手杖和鞋子，古代以杖履为敬老词。一说，隐者策杖穿鞋浏览小园风光。

卞庄刺虎 清·吴友如

七虞

❶ 红对白,有对无。布谷对提壶①。毛锥对羽扇②,天阙对皇都。谢蝴蝶③,郑鹧鸪④。蹈海对归湖⑤。花肥春雨润,竹瘦晚风疏。麦饭豆糜终创汉⑥,莼羹鲈脍竟归吴⑦。琴调轻弹,杨柳月中潜去听;酒旗斜挂,杏花村里共来沽。

注释:①提壶:鸟名。②毛锥:毛笔。③谢蝴蝶:宋代谢逸喜作蝴蝶诗,人称"谢蝴蝶"。④郑鹧鸪:唐代诗人郑谷最善作鹧鸪诗,人称"郑鹧鸪"。⑤蹈海:跳海自杀。战国秦兵围赵国都城邯郸,魏王派将军辛垣衍去救,辛将军反而劝赵王降秦。义士鲁仲连知道后,就去见辛将军,批评他并说如秦称帝,自己就蹈东海而死。归湖:春秋时越国谋臣范蠡和西施帮助越王勾践打败吴王夫差后,辞别越王,一起隐居于五湖。⑥"麦饭"句:汉光武帝刘秀起兵被困饶阳,冯异给他进献麦饭、豆粥,使其渡过难关,后来终于中兴汉室。糜,粥。⑦"莼羹"句:晋代张翰看到世道将大乱,思念起家乡吴地的莼羹和鲈脍之美,于是弃官归故里。莼羹,莼菜汤。鲈脍,鲈鱼做的脍。细切为脍。

2

罗对绮，茗对蔬①。柏秀对松枯。中元对上巳②，返璧对还珠③。云梦泽④，洞庭湖。玉烛对冰壶。苍头犀角带，绿鬓象牙梳⑤。松阴白鹤声相应⑥，镜里青鸾影不孤⑦。竹户半开，对牖不知人在否；柴门深闭，停车还有客来无。

注释：①**茗**：茶。②**中元**：即中元节，农历七月十五日。**上巳**：三月上旬巳日。古代以干支纪年、月、日，巳为地支第六位。③**返璧**：战国时赵国蔺相如智斗秦王，完璧归赵。**还珠**：广西合浦盛产珍珠。传说古代合浦太守贪婪时，珍珠便去往别处；太守廉洁时，珍珠便又回来。④**云梦泽**：我国古代楚地的大湖。泽，水聚汇处。⑤**苍头**：指花白的头发。**绿鬓**：乌亮的鬓发。⑥**"松阴"句**：语出《易经》："鸣鹤在阴，其子和之。"⑦**"镜里"句**：传说西域罽宾国在山上得到一只鸾，三年都不鸣叫。其夫人告诉他鸟见同类则鸣，于是用一面镜子照这只鸾，鸾见到自己的影子果然叫了。

牧童遥指杏花村　清·钱慧安

3 宾对主，婢对奴。宝鸭对金凫①。升堂对入室，鼓瑟对投壶②。觇合璧③，颂连珠④。提瓮对当垆⑤。仰高红日近⑥，望远白云孤。歆向秘书窥二

◎ 七虞

注释：①凫：野鸭。②鼓瑟：弹瑟。瑟，古代弦乐器，像琴。投壶：古代的游戏，向壶中投箭，以多中者为胜。③觇合璧：观测日月同升的天象。觇，观测。合璧，指日月同升。④连珠：即五星连珠，指太阳系水、火、木、金、土五大行星在天空中同时出现。五星连珠这种天象比较少见，古人认为是国家祥瑞的征兆，所以此处说值得歌颂。⑤提瓮：即提罐打水，此处指汉代司隶鲍宣家贫，其妻桓少君穿布衣提瓮取水之事。瓮，陶罐。当垆：即当垆卖酒。指汉卓文君嫁给司马相如后，在临邛开酒店，坐在垆边卖酒。垆，酒店里安放酒瓮的土台子。⑥"仰高"句：史载晋明帝幼时聪明，他在回答日与长安远近的问题时，有"举目见日，不见长安"的话。

山楼风雨图·明无款

酉①，机云芳誉动三吴②。祖饯三杯③，老去常斟花下酒；荒田五亩，归来独荷月中锄④。

❹ 君对父，魏对吴。北岳对西湖。菜蔬对茶淡⑤，苣藤对菖蒲⑥。梅花

注释：①"歆向"句：歆向指汉代刘向、刘歆父子，二人均很有学问。二酉，原指大酉小酉二山，小酉山石穴中有书四卷，后称藏书多曰二酉。②"机云"句：机云指晋陆机、陆云兄弟。芳誉，好名声。陆氏兄弟的文学和品行享誉家乡。三吴，吴郡、吴兴和会稽，泛指吴地，是陆氏的故乡。③祖饯：古人出行，要先祭祀路神即祖道。④"荒田"二句：语出陶渊明《归田园居》："种豆南山下……戴月荷锄归。"⑤蔬：指可做菜的草本，指草菜类总称。此处意指不是荤菜。⑥苣藤：当是"苣蓝"之误。苣蓝即胡麻，见《广韵》。菖蒲：水边生长的草本植物，根茎可作香料，也可入药。

卓文君像 清·吴友如

数①,竹叶符。廷议对山呼②。两都班固赋③,八阵孔明图④。田庆紫荆堂下茂⑤,王裒青柏墓前枯⑥。出塞中郎,羝有乳时归汉室⑦;质秦太子,马生角日返燕都⑧。

注释:①梅花数:宋代邵雍创立的一种《易》卦占卜术,称"梅花易数"。②廷议:在朝廷上商讨国是或发表议论。山呼:又称"嵩呼"。史载汉武帝游嵩山时,听到山岳间三次高呼万岁声,后来即作为对皇帝的颂词和朝仪祝语。③两都班固赋:东汉史学家班固曾作《两都赋》。④八阵孔明图:八阵即"八阵图",是诸葛亮演练成功并用于实战的一种阵法。诸葛亮曾在长江鱼腹浦设八阵图阻止吴国大将陆逊西进入蜀。杜甫诗有"功盖三分国,名成八阵图"之名句。⑤"田庆"句:传说田庆兄弟商量分家,次日发现院中紫荆树枯萎,于是决定不分家了,紫荆树又由枯转茂。⑥"王裒"句:晋代王裒因父亲王仪直言被斩,在父亲墓前痛哭,墓前青翠的松柏忽然枯死了。⑦"出塞"二句:汉代苏武出使匈奴,被流放到北海牧羊,说要等到公羊产奶时才让他返回汉室。出塞,出使塞外,即出使匈奴。因汉代塞北为匈奴之地。中郎,中郎将苏武。羝,公羊。⑧"质秦"二句:战国时燕国太子丹作为人质被扣留在秦国,秦王对他说,要待乌鸦白头、马生角时才放他回燕。

王裒闻雷泣墓图 清·王素

八齐

❶ 鸾对凤，犬对鸡。塞北对关西。长生对益智，老幼对旄倪①。颁竹策②，剪桐圭③。剥枣对蒸梨。绵腰如弱柳，嫩手似柔荑④。狡兔能穿三穴隐⑤，鹪鹩权借一枝栖⑥。甪里先生，策杖垂绅扶少主⑦；於陵仲子，辟纑织履赖贤妻⑧。

注释：①旄倪：老幼。旄，通耄。倪，弱小，小孩之意。②竹策：用竹简做的天子给诸侯的委任状。③桐圭：周成王幼时曾将桐叶剪成玉圭的形状，戏言封弟弟叔虞为诸侯。周公请求择日册封，成王说："我这是游戏之言罢了。"周公说："君子无戏言。"于是成王封叔虞为唐侯。④柔荑：柔嫩的叶芽。荑，植物初生的叶芽。⑤"狡兔"句：即"狡兔三窟"之意。⑥鹪鹩：一种小鸟，体长约三寸，以昆虫为主要食物。《庄子》上说这种鸟只占一枝而栖。权，权且，姑且，暂且。⑦"甪里"二句：指汉初商山四皓出山辅佐太子刘盈，刘邦见太子羽翼已成，打消了另立赵王为太子的想法。甪里，汉初高士商山四皓之一。策杖，扶着手杖。绅，古代士大夫束在腰间的大带子，也作为士大夫的身份标志。少主，指太子刘盈，即后来的汉惠帝。⑧"於陵"二句：战国时齐国隐士陈仲子，其妻子剥麻帮助他编织草鞋。辟，绩。纑，练麻。履，鞋。赖，依靠。

2

鸣对吠，泛对栖①。燕语对莺啼。珊瑚对玛瑙，琥珀对玻璃。绛县老②，伯州犁③。测蠡对燃犀④。榆槐堪作荫，桃李自成蹊⑤。投巫救女西门豹⑥，赁浣逢妻百里奚⑦。阙里门墙⑧，陋巷规模原不陋⑨；隋堤基址，迷楼踪迹亦全迷⑩。

注释： ①**泛**：漂浮。②**绛县老**：春秋时期晋国绛县有一老人，传说他与师旷同时。③**伯州犁**：古人名。春秋时楚国太宰，后因政乱被杀。其孙伯嚭逃亡吴国，吴王夫差任他做太宰。④**测蠡**：《汉书·东方朔传》："以管窥天，以蠡测海。"比喻眼光狭窄，见识短浅。蠡，瓢。**燃犀**：传说晋将温峤曾点燃犀角照见水底怪物。⑤**桃李自成蹊**：即"桃李不言，下自成蹊"。语出《史记·李将军传赞》，比喻有美德自会得到世人的尊重。蹊，小路。⑥**"投巫"句**：战国时魏国邺地，每年都把民女投入河中，说是为河伯娶妻，巫借此图财害命。西门豹治邺，令以巫投河中，如石沉大海，去而不返，使恶俗立刻禁止。⑦**"赁浣"句**：春秋时，晋国战俘百里奚被秦国以五张羊皮换回任命为大夫。百里奚上任后雇一洗衣妇，原来洗衣妇正是他贫贱时分手的妻子，于是夫妻团圆。赁，给人做雇工，也指雇用。浣，洗涤，此指洗衣人。⑧**阙里**：孔子在家乡的居处，即今曲阜阙里街。⑨**"陋巷"句**：陋巷是孔子弟子颜回住处，今曲阜颜庙即"陋巷"所在地，距阙里街仅数里。颜回贫而好学，孔子赞他："在陋巷，人不堪其忧，回也不改其乐。"⑩**迷楼**：隋炀帝所建楼阁，据说其千门万户，即使真正的仙人进入其中也会迷失方向，故取名为迷楼。**踪迹亦全迷**：说随着时代的变迁，迷楼踪迹也已湮灭迷失。

踏雪行吟图 明·周臣

笠翁对韵

3 越对赵，楚对齐。柳岸对桃溪。纱窗对绣户，画阁对香闺。修月斧①，上天梯。蟠蛛对虹霓②。行乐游春圃，工谀病夏畦③。李广不封空射虎④，魏明得立为存麑⑤。按辔徐行，细柳功成劳王敬⑥；闻声稍卧，临泾名震止儿啼⑦。

注释：①**修月斧**：《天中记》载：有人游嵩山，见一人持斧凿卧道旁，说月亮是由七宝组合而成，常常有许多人加以修理，他就是其中之一。②**蟠蛛**：虹的别名。③**工谀病夏畦**：工于阿谀奉承，比炎夏在地里劳作还难受。工，长于，善于。畦，有土埂围着的一块块排列整齐的田地。④**"李广"句**：李广是西汉猛将，屡立战功，威震匈奴，但终生未得封侯。李广有次出猎，见草丛中一石头，疑是老虎，拔箭射之，箭入石中，被传为奇闻。⑤**"魏明"句**：魏文帝的儿子曹叡年幼时随父亲打猎，因不忍心射杀小鹿，有爱生之德而被文帝立为太子，后即位为明帝。⑥**"细柳"句**：西汉周亚夫驻军细柳击匈奴，文帝前去劳军，因事先没有通知而不得进入，文帝赞叹其治军严谨。⑦**"闻声"二句**：史载郝玼镇守临泾有威名，人们常以他的名字吓唬啼哭的儿童。临泾，今甘肃镇原，西汉所置县，北魏以后改为原州。

李广射虎图 清·马骀

细柳式车图 清·马骀

九佳

① 门对户，陌对街①。枝叶对根荄②。斗鸡对挥麈③，凤髻对鸾钗。登楚岫④，渡秦淮⑤。子犯对夫差⑥。石鼎龙头缩，银筝雁翅排。百年诗礼延余庆，万里风云入壮怀。能辨名伦⑦，死矣野哉悲季路⑧；不由径窦⑨，生乎愚也有高柴⑩。

② 冠对履，袜对鞋。海角对天涯。

注释：①陌：田间东西方向的道路，泛指道路。②荄：草根。③斗鸡：古代的斗鸡游戏。挥麈：晋人尚清谈，常挥动拂尘以示高雅。麈，古书上指鹿一类的动物，尾巴可做拂尘，此即指拂尘。④岫：峰峦。⑤秦淮：秦淮河，在今南京市。⑥子犯：春秋时晋文公的舅父。夫差：春秋时吴国国王。⑦名伦：名分。⑧死矣野哉：孔子表示到卫国参政先要正名，子路对此不赞成，认为这种做法未免太迂腐，孔子批评子路谈话粗野。后来子路死于卫国内乱，孔子为之悲伤叹息。季路：孔子弟子仲由，字子路，一字季路。⑨窦：孔穴，引申为小门。⑩"生乎"句：《论语·先进》："柴也愚。"高柴，孔子弟子，字子羔。

笠翁对韵

鸡人对虎旅①,六市对三街。陈俎豆②,戏堆埋③。皎皎对皑皑④。贤相聚东阁⑤,良朋集小斋。梦里山川书越绝⑥,枕边风月记齐谐⑦。三径萧疏,彭泽高风怡五柳⑧;六朝华贵⑨,琅琊

注释: ①**鸡人:** 古代宫中的报时官。**虎旅:** 指勇猛的军队。②**陈俎豆:** 摆设俎豆。俎,古代礼器;豆,古代食器。史载孔子幼年曾陈俎豆,学习祭祀礼仪。③**戏堆埋:** 戏学丧葬堆坟。史载孟子幼年曾在墓边戏学堆埋。④**皎皎对皑皑:** 皎皎和皑皑都是洁白的样子。⑤**贤相聚东阁:** 汉代公孙弘担任丞相后,开东阁延揽贤才。⑥**梦里山川:** 指《越绝书》的内容是记述吴越的山水和历史人物。**越绝:** 指东汉人所作《越绝书》。⑦**齐谐:** 指南朝人所著《齐谐记》《续齐谐记》。**枕边风月:** 指该书中所记风月鬼神之事。⑧**三径:** 本指庭院中的小路,后因陶渊明《归去来辞》有"三径就荒,松菊犹存"的句子而泛指隐士居处。**萧疏:** 萧条荒凉。**彭泽高风:** 指陶渊明任彭泽令,因不肯阿谀权贵而辞官归隐。**怡五柳:** 喜欢柳树之意。怡,快乐,愉快。五柳,陶渊明于自家门前种了五棵柳树,自称"五柳先生"。⑨**六朝华贵:** 六朝指三国吴、东晋及南朝的宋、齐、梁、陈,这六代王朝都建都建康(今南京),史称"六朝"。

孔子圣迹图之子羔仁恕

佳气种三槐①。

3. 勤对俭，巧对乖。水榭对山斋②。冰桃对雪藕，漏箭对更牌③。寒翠袖，贵荆钗。慷慨对诙谐。竹径风声籁④，花溪月影筛。携囊佳韵随时贮⑤，荷锄沉酣到处埋⑥。江海孤踪，

注释：①琅琊：指秦所置琅琊郡，在今山东省。东晋名门王氏王导、王羲之都是琅琊人，故说"琅琊佳气"。三槐：《周礼·秋官·朝士》："面三槐，三公位。"后世即以三槐比喻三公高官之位。王祐曾植三槐于堂前，说："后世必有为三公者。"②水榭：建在水中高台上的房屋。③漏箭：古代用铜壶滴水，壶中置箭随水面升降计时。更牌：古代用以报时的牌子。④籁：自然界草木、孔隙等发出的声音。⑤"携囊"句：唐代诗人李贺每次出游，都令书童携一布袋，随时将好的构思记下投入囊中。⑥"荷锄"句：晋代刘伶喜好喝酒，外出时常常带着酒壶和锄头，并吩咐随从，如果醉死了就随处掩埋。

深柳读书图　清·钱　杜

雪浪风涛惊旅梦；乡关万里，烟峦云树切归怀①。

❹ 杞对梓，桧对楷②。水泊对山崖。舞裙对歌袖，玉陛对瑶阶③。风入袂④，月盈怀。虎兕对狼豺⑤。马融堂

注释：①切：急切，迫切。②"杞对梓"二句：杞、梓、桧、楷皆为珍贵树木，比喻优秀人才。楷，应读为 kǎi，此处注音不误，是押韵需要，下文的"阶"和"街"，今音也不押韵了，但按保留有古汉语读音的粤语还押韵。③陛：宫殿的台阶。④袂：衣袖。⑤兕：雌的犀牛。

天寒翠袖薄日暮图 清·钱吉生

上帐①，羊侃水中斋②。北面黉宫宜拾芥③，东巡岱畤定燔柴④。锦缆春江，横笛洞箫通碧落⑤；华灯夜月，遗簪堕翠遍香街⑥。

注释： ①马融堂上帐：汉代著名学者马融，不拘礼法，曾于堂上设帐，前面讲学，后面设女乐。②羊侃水中斋：南朝梁羊侃喜游乐，在衡州做官时，曾设置水斋，饰以锦旗，每日宴饮其中。③黉：古代的学校。拾芥：汉代夏侯胜曾对学生说，只要学通经儒，做官如拾芥般容易。芥，小草。④"东巡"句：古代帝王巡游东方，到泰山举行典礼时要将供物礼品放在柴堆上焚烧祭天。岱，泰山的别称。畤，古代祭天、地、五帝的地方。燔，焚烧。⑤碧落：天空。⑥"华灯"二句：《梦粱录》记：南宋京城临安（今杭州）每到夜晚珠翠遍街，游人如织，十分繁华。

东临碣石图 清·周慕桥

十灰 shí huī

春对夏，喜对哀。大手对长才①。风清对月朗，地阔对天开。游阆苑②，醉蓬莱③。七政对三台④。青龙壶老杖⑤，白燕玉人钗⑥。香风十里望仙阁⑦，明月一天思子台⑧。玉橘冰桃⑨，王母几因求道降⑩；莲舟藜杖，真人原为读书来⑪。

注释：①**大手：**喻文章大手笔。**长才：**高才。②**阆苑：**传说中神仙居住的地方，诗文中常用来指宫苑。③**蓬莱：**神话中渤海里仙人居住的山。④**七政：**指日、月和金、木、水、火、土五大行星。**三台：**天上的三台星，又称"三阶""泰阶"。⑤**壶老杖：**壶公的手杖。传说东汉费长房向仙人壶公学道，回家时壶公送他一根竹杖，说："骑此可回家。"费长房骑杖回到家中，将杖弃于水中，竹杖化为青龙飞去。壶老，仙人壶公。⑥**玉人钗：**传说有神女赠给汉武帝玉钗一双，后来钗化白燕飞去。⑦**望仙阁：**南朝陈后主为其妃子所建之阁。⑧**思子台：**汉武帝为追思被江充进谗言害死的太子刘据，修建了思子台。⑨**玉橘冰桃：**传说西王母来到汉武帝宫中，赐给汉武帝玉橘、冰桃和雪藕。⑩**几：**或许。⑪**"莲舟"二句：**传说汉刘向夜读于天禄阁，太乙真人乘莲舟从天而降，点燃藜杖为其照明。

2 朝对暮，去对来。庶矣对康哉①。马肝对鸡肋②，杏眼对桃腮。佳兴适，好怀开。朔雪对春雷③。云移鹙鹊观④，日晒凤凰台⑤。河边淑气迎芳草⑥，林下轻风待落梅。柳媚花明，燕语莺声浑是笑⑦；松号柏舞，猿啼鹤唳总成哀⑧。

注释：①庶矣：人口众多。《论语·子路》："庶矣哉！"康哉：安康。语出《尚书·益稷》。②马肝：马肝味不好，用来比喻琐碎的事情。鸡肋：比喻留之无用、弃之可惜的东西。传说当年曹操与蜀兵交战准备撤兵，传令当天的令为"鸡肋"。杨修说："鸡肋弃之可惜，食之无味，看来是要撤军了。"③朔：北方。④鹙鹊观：汉武帝在长安甘泉宫外建有鹙鹊观。鹙鹊，汉武帝时条支国所贡异鸟名。观，道教的庙宇。⑤凤凰台：南朝宋时所建，在今南京市。传说有凤鸟集于台上，因此得名。⑥淑气：温和的气息。晋陆机《悲哉行》："蕙草饶淑气，时鸟多好音。"⑦浑：简直，几乎。⑧唳：（鹤、鸿雁等）鸣叫。

九歌图　清·汪汉

3 忠对信，博对赅①。忖度对疑猜②。香消对烛暗，鹊喜对蛩哀③。金花报④，玉镜台⑤。倒斝对衔杯⑥。岩巅横老树，石磴覆苍苔。雪满山中高士卧，月明林下美人来⑦。绿柳沿

注释：①赅：完备，包括。②忖度：推测，揣度。③蛩：蟋蟀。④金花报：唐代进士登科，喜贴金花。一说状元寄回的家信称金花报喜。⑤玉镜台：晋人温峤，曾赠玉镜台一面作为娶姑姑女儿的礼物。⑥倒斝对衔杯：均指饮酒。斝，古代盛酒的器具，圆口，三足。⑦"月明"句：赵师雄游罗浮，天寒日暮，于松林旁遇一美人，与之交谈，香气袭人，不觉睡去。直到东方发白，才发现自己睡在梅花树下，不胜惆怅。

金陵十八景图之凤凰台　明·文伯仁

堤，皆因<u>苏子</u>来时种^①；碧桃满观，尽是<u>刘郎</u>去后栽^②。

注释：①"绿柳"二句：苏轼在杭州任太守时，命人在西湖堤上遍植柳树，人称苏堤。苏子，北宋诗人苏轼。②"碧桃"二句：唐代诗人刘禹锡《游玄都观》诗："玄都观里桃千树，尽是刘郎去后栽。"刘郎是刘禹锡的自称。

西湖十景图之苏堤春晓　清·王原祁

十一 真

❶ 莲对菊,凤对麟。浊富对清贫。渔庄对佛舍,松盖对花茵。萝月叟,葛天民①。国宝对家珍。草迎金埒马②,花醉玉楼人。巢燕三春尝唤友,塞鸿八月始来宾③。古往今来,谁见泰山曾作砺④;天长地久,人传沧海几扬尘⑤。

❷ 兄对弟,吏对民。父子对君臣。

注释:①萝月:萝藤间的月色。葛天:伏羲之前的远古帝王葛天氏,以清平自然之治备受后世推崇。晋陶渊明在《五柳先生传》中即自称为葛天氏之民。②金埒:晋人王济爱马成癖,买地作马场,把钱串起来绕马场圈墙转了一圈,故称金埒。埒,矮墙。③"塞鸿"句:到秋天八月北雁才南飞做客。塞鸿,塞外的鸿雁。④泰山曾作砺:以泰山作磨刀石。汉代封爵誓词中有"使河如带,泰山若厉"的话。砺,本作厉,磨刀石。⑤沧海几扬尘:传说沧海多次变为桑田,故扬尘。

勾丁对甫甲①，赴卯对同寅②。折桂客，簪花人③。四皓对三仁④。王乔云外舄⑤，郭泰雨中巾⑥。人交好友求三益⑦，士有贤妻备五伦⑧。文教南宣，

注释：①勾丁：疑指征丁。甫甲：有的版本作"补甲"，疑是古文"补"作"補"，转写时出错。②赴卯：古代卯时（早晨六七点钟）上班，官吏属员赶赴衙署出勤点卯（点名）。同寅：同僚。③折桂客，簪花人：均指科举及第者。④四皓：指汉初隐士商山四皓，即东园公、绮里季、夏黄公、甪里先生。三仁：殷纣王无道，朝臣中却有三位仁人：微子、箕子和比干。后微子被弃荒野，箕子被罚为奴，比干被剖心。⑤王乔云外舄：汉代王乔任叶县令，传说他有法术，能够将鞋子变成鸟驾着在天上飞。舄，鞋。⑥郭泰雨中巾：汉代名士郭泰，字林宗，传说他有次外出遇雨，将头巾折角遮雨，人们纷纷仿效，称"林宗巾"。⑦"人交"句：《论语·季氏》说交友有三益：友直，友谅，友多闻。⑧五伦：古代指君臣、父子、兄弟、夫妇、朋友之间的五种伦理关系。

侵晓乘凉曲槛前　清·钱吉生

武帝平蛮开百越①；义旗西指，韩侯扶汉卷三秦②。

❸申对午③，侃对訚④。阿魏对茵陈⑤。楚兰对湘芷⑥，碧柳对青筠⑦。花馥馥⑧，叶蓁蓁⑨。粉颈对朱唇。曹公

注释：①"文教"二句：指汉武帝出兵南征灭掉南越国，统一南方各族，使中原的文明教化得以向南方传播。文教，文明教化。宣，散布，传播。蛮，古代对我国南方少数民族的称谓。开，使……开化。百越，春秋以后分布于我国东南沿海地区的各越族部族，这里泛指南方各少数民族。②"义旗"二句：指韩信扶助刘邦夺取三秦之地，建立西汉王朝。韩侯，指韩信，因战功显赫，被汉高祖刘邦封为淮阴侯。卷，席卷，攻占。三秦，指陕西关中秦国故地。项羽入关中将其地分为三处封地，故称"三秦"。③申对午：申、午分别为地支的第九位和第七位，此指申时（下午三点至五点）和午时（上午十一点至下午一点）。④侃：和乐的样子。訚：和颜悦色的样子。⑤阿魏、茵陈：都是中药名。⑥兰、芷：都是香草名。⑦青筠：竹之青皮，此指竹子。⑧馥馥：香气很浓。⑨蓁蓁：草木茂盛的样子。

商山四皓图 清·黄 慎

奸似鬼[1]，尧帝智如神。南阮才郎差北富[2]，东邻丑女效西颦[3]。色艳北堂，草号忘忧忧甚事[4]；香浓南国，花名含笑笑何人[5]。

注释：[1]曹公：曹操。奸似鬼：曹操为人阴险奸诈，人称如鬼。[2]"南阮"句：晋代洛阳阮氏，居住在道南的有才学，而家贫，如阮咸、阮籍等。居住在道北者多富有。[3]东邻丑女：指东施。效西颦：越女西施美貌，因有胃疼病而常皱眉，东邻丑女以为美也加以仿效，结果反而更丑。颦，皱眉。[4]草号忘忧：草本名忘忧，即忘忧草。[5]花名含笑：一种生长在南方的花木，属木兰科，其花苞半开如含笑状，故名。

颦效东施图 清·吴友如

十二 文 (shí èr wén)

❶ 忧对喜，戚对欣①。二典对三坟②。佛经对仙语，夏耨对春耕③。烹早韭④，剪春芹。暮雨对朝云。竹间斜白接⑤，花下醉红裙。掌握灵符五岳篆⑥，腰悬宝剑七星纹。金锁未开，上相趋听宫漏永⑦；珠帘半卷，群僚仰对御炉熏。

❷ 词对赋，懒对勤。类聚对群分⑧。

注释： ①戚：忧愁，悲哀。②二典、三坟：传说中我国上古典籍。《尧典》《舜典》为二典；一作"五典"。少昊、颛顼、高辛、唐、虞之书谓之五典。伏羲、神农、黄帝之书谓之三坟。③耨、耕：都是锄草。④早韭：指应时的蔬菜。⑤白接：晋人山涛，醉后巾帽欹斜，他所戴的毡巾称为白接。⑥"掌握"句：古代传说修炼有术的道士能以灵符驱动鬼神。篆，道士所画，声称能驱使鬼神给人带来祸福的一种图形或秘密文书。五岳篆，驱动五岳之神的符。⑦金锁未开：宫门金锁未开，指早朝时间未到。上相：泛指大臣。趋：趋前。宫漏：宫中滴水计时的漏壶。永：长，水流长。⑧类聚对群分：《易·系辞》："方以类聚，物以群分。"

鸾箫对凤笛，带草对香芸①。燕许笔②，韩柳文③。旧话对新闻。赫赫周南仲④，翩翩晋右军⑤。六国说成苏子贵⑥，两京收复郭公勋⑦。汉阙陈书，侃侃忠言推贾谊⑧；唐廷对策，

注释：①**带草：**东汉经学家郑玄在山中授课，称山下生长的一种韧草为"书带草"。**香芸：**即芸香，一种香草，可入药。②**燕许笔：**唐代燕国公张说和许国公苏颋二人都以才学文章闻名于世，时人称为"燕许大手笔"。③**韩柳文：**唐代韩愈和柳宗元，是唐宋散文经典作家，位列"唐宋八大家"之首。④**赫赫：**显耀盛大的样子。**周南仲：**周宣王时的将军，平定周边战功显赫。⑤**翩翩：**形容举止洒脱。**晋右军：**晋王羲之曾任右军将军，人称王右军，是我国历史上著名的书法家，书法作品《兰亭序》的作者。⑥**六国：**指战国时期齐、楚、燕、赵、魏、韩六国。**苏子：**指战国时游说列国的纵横家苏秦。战国时期以西部秦国最强大，它对东边的各国采取远交近攻，各个击破的手段。苏秦则游说六国联合，实行合纵抗秦，一度取得成功，苏秦则佩了六国相印。⑦**两京：**指唐代的京城长安和东都洛阳。**郭公：**指唐代名将郭子仪。唐玄宗天宝末年爆发"安史之乱"，两京失陷，郭子仪率部却敌，收复两京，被称为唐中兴名将。⑧**"汉阙"二句：**指西汉贾谊向文帝上《治安策》指陈时政，结果触犯权贵，被贬为长沙王太傅。汉阙，汉朝廷。侃侃，形容说话理直气壮，从容不迫。贾谊，西汉文学家，政治家。

待漏图 清·冯宁

岩岩直谏有刘蕡①。

③ 言对笑,绩对勋。鹿豕对羊羵②。星冠对月扇,把袂对书裙③。汤事葛④,说兴殷⑤。萝月对松云。西池青鸟使⑥,北塞黑鸦军⑦。文武成康为一

注释:①"唐廷"二句:唐代刘蕡,在所作对策论中痛斥宦官专权误国,虽得到考官同情,但畏于宦官权势而不敢录取。对此,李郃说:"刘蕡不第,我辈登科,实厚颜矣!"岩岩,高峻貌,喻指伟岸刚直。②羊羵:即羵羊,传说中地下的怪物。《国语·鲁语下》:"土之怪曰羵羊。"③把袂:把着袖子,即手把手教人的意思。书裙:传说晋王羲之喜爱羊欣年幼有才华。一日趁羊欣睡觉时在他的白练裙上写了几幅字,自此羊欣书法大进。④汤:指商汤,商朝贤君。事葛:葛是当时小国,不懂礼仪,汤曾帮助葛君举行祭祀。⑤说:即奴隶出身的傅说。兴殷:商王武丁举傅说为三公,辅理朝政。⑥西池青鸟使:传说西王母用青鸟作为信使。西池,西王母的瑶池。⑦黑鸦军:唐末时李克用守边,士卒都着黑衣,被称为黑鸦军。

六国封相图·杨柳青年画

代^①，魏吴蜀汉定三分^②。桂苑秋宵，明月三杯邀曲客^③；松亭夏日，薰风一曲奏桐君^④。

注释：①"文武"句：西周初期的文王、武王、成王、康王，代表了西周王朝的鼎盛时期。②"魏吴"句：三国时期，魏、吴、蜀三分天下成鼎足之势。③曲客：酒友，酒客。曲，酿酒发酵物，此指酒。④"薰风"句：相传舜得五弦琴而歌道："南风之薰兮，可以解吾氏之愠兮。"薰风，和风，指初夏时的东南风。薰，和煦。桐君，即琴，因琴身取材于梧桐木。

松下闲吟图　南宋·无款

十三元

1 卑对长，季对昆①。永巷对长门②。山亭对水阁，旅舍对军屯。杨子渡，谢公墩③。德重对年尊。承乾对出震④，叠坎对重坤⑤。志士报君思犬马，仁王养老察鸡豚⑥。远水平沙，有客泛舟桃叶渡⑦；斜风细雨，何人携榼杏花村⑧。

注释：①季：在兄弟排行里代表第四或最小的。昆：哥哥。②永巷：汉宫中的长巷，吕后因禁戚夫人及其子赵王的地方。长门：汉长门宫。武帝后阿娇失宠后居此，并请司马相如作《长门赋》以期感动武帝。③谢公墩：在今南京，因晋代谢安登高远眺而得名。墩，土堆。④承乾：乾是《易》卦名，列各卦之首，卦象为天，是君相。承乾即继承君位。出震：震在《易》卦中是东方之卦，东方五行属木，是日和万物发生之地，故《周易》称天帝和万物都出自东方。⑤叠坎对重坤：《周易》六十四卦，坎卦由八卦中的坎单卦重叠而成，坤卦则由坤单卦重叠而成，所以称"叠坎""重坤"。⑥养老察鸡豚：指农家养好鸡、猪等家禽、家畜便可食肉养老了。语出《孟子·梁惠王上》："鸡豚狗彘之畜，无失其时，七十者可以食肉矣。"豚，小猪，泛指猪。⑦桃叶渡：渡口名。相传晋王献之有妾名桃叶的由此渡江而得名。⑧榼：古时盛酒的器具。

② 君对相，祖对孙。夕照对朝曛①。兰台对桂殿②，海岛对山村。碑堕泪③，赋招魂④。报怨对怀恩。陵埋金吐气⑤，田种玉生根⑥。相府珠帘垂白昼，边城画角动黄昏⑦。枫叶半

注释：①朝曛：黎明之前的昏暗。朝，早晨。曛，昏黑。②兰台：本是汉代宫廷藏书处，后设兰台令史，掌管朝廷文书奏章。桂殿：宫殿名。③碑堕泪：西晋将军羊祜治荆州有德于民，死后百姓立碑纪念他，路人见碑而流泪，故名"堕泪碑"。④赋招魂：相传战国时楚宋玉痛悼屈原之死而作《招魂赋》，载《楚辞》。⑤陵埋金：相传秦始皇听说金陵有天子气，于是在金陵钟山下埋金以镇住王气。⑥田种玉：《搜神记》载：杨伯雍（或作"杨雍伯"）乐善好施，有仙人赠他石子，种于田中，后产出美玉，其地称为"玉田"。⑦画角：外表有彩绘的号角，以竹木制成，古西羌乐器。

桃叶桃根图　清·吴友如

山，秋去烟霞堪倚杖；梨花满地，夜来风雨不开门。

金陵十八景图之桃叶渡 明·文伯仁

十四寒

❶ 家对国，治对安。地主对天官①。坎男对离女②，周诰对殷盘③。三三暖④，九九寒⑤。杜撰对包弹⑥。古壁蛩声匝⑦，闲亭鹤影单。燕出帘边春寂寂，莺闻枕上漏珊珊⑧。池柳烟飘，日夕郎归青琐闼⑨；砌花雨过，月明人倚玉栏杆。

注释：①天官：《周礼》中设六官，以冢宰为天官，是百官之长。后来指吏部尚书。②坎男对离女：见《周易·说卦》对坎卦、离卦的解说。③周诰对殷盘：指《尚书》中的《康诰》《盘庚》等篇，是有关西周和殷商的文献。④三三暖：农历三月上旬的巳日，称上巳，后来定为三月三日，仍称为上巳节，此时天气开始变暖。⑤九九寒：农历九月初九，称为重阳节，天气开始转寒。⑥杜撰：唐代杜举喜欢写些没有根据的话，人称"杜撰"，意思是凭主观想象编造。包弹：宋代包拯任御史中丞，正直刚毅，铁面无私，敢于弹劾权贵，人称"包青天"。⑦蛩声匝：四周蟋蟀叫声响遍。蛩，蟋蟀。匝，环绕，遍。⑧珊珊：象声词，形容玉声、雨声等，此借指漏壶的滴水声。⑨青琐闼：宫中的禁门，雕刻有青色图纹，是翰林或黄门侍郎值宿的居所。闼，小门。

2

肥对瘦，窄对宽。黄犬对青鸾。指环对腰带，洗钵对投竿。诛佞剑①，进贤冠②。画栋对雕栏。双垂白玉箸③，九转紫金丹④。陕右棠高怀召伯⑤，河南花满忆潘安⑥。陌上芳春，弱柳当风披彩线；池中清晓，碧荷

注释：①**诛佞剑：**汉代朱云为人忠直，曾向汉成帝求尚方宝剑以诛杀佞臣张禹（成帝的老师）。诛，杀（有罪的人）。佞，善于用花言巧语谄媚的人。②**进贤冠：**宰相戴的帽子。杜甫《丹青引》："良相头上进贤冠"。③**双垂白玉箸：**高僧临终时有白玉气从鼻孔中垂下，像白玉箸一样。箸，筷子。④**九转：**形容炼丹工艺复杂。**紫金丹：**古代炼丹术士用朱砂、水银等物炼成的丹药。⑤**召伯：**指西周召公奭。他辅佐武王伐纣灭商，并与周公共同治理天下，他治理陕以西（陕右），周公治理陕以东。召伯生前得到百姓拥戴，去世后人们看到他曾在下面休息过的甘棠树就会怀念他，并写下《甘棠》诗歌。《甘棠》见《诗经·召南》。⑥**潘安：**字安仁，西晋文学家，他在任河阳令时命人在县中广植花木，人称"花县"。

斜倚阑干掠鬓云　清·钱吉生

承露捧珠盘。

③ 行对卧，听对看。鹿洞对鱼滩。蛟腾对豹变①，虎踞对龙蟠。风凛凛②，雪漫漫。手辣对心酸。莺莺对燕燕③，小小对端端④。蓝水远从千涧

注释：①豹变：语出《周易·革》。比喻人或事的变化，像豹纹一样，越变越有文采，或越变越兴旺发达。②凛凛：寒冷。③莺莺对燕燕：钱塘范十二郎有女儿莺莺和燕燕，做了一个有钱人的妾。诗人张先年过八十买妾，苏轼作诗道："诗人老去莺莺在，公子归来燕燕忙。"④小小：南朝齐钱塘名伎苏小小。端端：唐代名伎李端端。

召伯甘棠图 明·《程氏墨苑》

落，<u>玉山</u>高并两峰寒</u>①。<u>至圣</u>不凡，嬉戏六龄陈俎豆②；<u>老莱</u>大孝，承欢七衮舞斑斓④。

注释：①"蓝水"二句：是杜甫《九日蓝田崔氏庄》中的诗句。②**至圣**：指孔子。后世尊孔子为"至圣先师"。孔子幼年常以学习祭祀之礼为游戏。**陈俎豆**：摆设俎豆，是祭祀礼仪。俎、豆，古代祭祀用的礼器。③**老莱**：古代孝子老莱子七十岁时，身着五彩衣舞于堂上，以使父母高兴。衮：古代君主等的礼服，此指绣花彩衣。

李端端图 明·唐 寅

十五 删

❶ 林对坞①，岭对峦。昼永对春闲②。谋深对望重，任大对投艰③。裙袅袅④，佩珊珊⑤。守塞对当关。密云千里合，新月一钩弯。叔宝君臣皆纵逸⑥，重华父母是嚚顽⑦。名动帝畿⑧，西蜀三苏来日下⑨；壮游京洛，东吴二陆起云间⑩。

注释：①坞：地势周围高而中间低的地方。②昼永：白天长。③投艰：赋予重任。《尚书·大诰》："遗大投艰于朕身。"④袅袅：摆动轻柔貌。⑤珊珊：象声词，玉声。⑥叔宝：南朝陈后主陈叔宝在位时纵情声色，终至亡国。⑦"重华"句：舜的父母是愚蠢而顽固的人。舜母早亡，舜的父亲、继母及其所生的弟弟象三人屡次加害于舜，舜逃生后仍孝顺父母友爱兄弟。《尚书》："帝舜，曰重华。"⑧帝畿：皇帝都城附近的土地。畿，皇帝直接管辖的领地。⑨"西蜀"句：指北宋著名文学家苏洵和他的两个儿子苏轼、苏辙来到京城。苏氏父子是眉山（在今四川省）人，故称"西蜀三苏"。日下，指京城。⑩"壮游"二句：晋代文学家陆机、陆云兄弟在晋灭吴后来到洛阳。云间，松江县（今上海市）的古称。起云间，陆云，字士龙，曾向人自称"云间陆士龙"。

2

临对仿，吝对悭。讨逆对平蛮。忠肝对义胆，雾发对云鬟。埋笔冢①，烂柯山②。月貌对天颜。龙潜终得跃③，鸟倦亦知还。陇树飞来鹦鹉绿，池筠密处鹧鸪斑④。秋露横江，

注释：①**埋笔冢**：晋代智永禅师学书三十余年，善草书。写字积了许多残笔，后来埋成一堆称为"退笔冢"。冢，坟墓。②**烂柯山**：在今浙江省衢州市柯城区。《述异记》载：晋人王质进山砍柴，见二仙童下棋，待棋终，回来时斧柄已烂，人间已过了几百年，亲人都不在了。柯，斧柄。③**龙潜终得跃**：《周易·乾卦》："龙跃在渊。"④**筠**：竹子的青皮，借指竹子。

虞舜孝行感天　　清·王素

苏子月明游赤壁^①；冻云迷岭，韩公雪拥过蓝关^②。

注释：①秋露横江：《前赤壁赋》中有"白露横江"。**赤壁**：地名，在今湖北省。三国时孙权与刘备联合抗曹，在赤壁用火攻大破曹操。宋元丰年间，苏轼贬官在黄州时，曾于月夜驾舟游赤壁，写下前后《赤壁赋》。②**韩公**：指唐代文学家韩愈。韩愈因上书劝阻皇帝拜迎佛骨，被贬官广东潮州，途经蓝关遇雪，有感而赋《左迁至蓝关示侄孙湘》一诗，诗中有"云横秦岭家何在？雪拥蓝关马不前"的名句。

深山会棋图 清·王 云

月下吹箫图 明·王谔

下卷

画王维诗意图 明·陈裸

一先

① 寒对暑，日对年。蹴鞠对秋千①。丹山对碧水，淡雨对覃烟②。歌宛转，貌婵娟③。雪鼓对云笺④。荒芦栖南雁，疏柳噪秋蝉。洗耳尚逢高士笑⑤，折腰肯受小儿怜⑥。郭泰泛舟⑦，折角半垂梅子雨；山涛骑马，接䍦倒着杏花天⑧。

注释：①蹴鞠：我国古代一种踢球游戏。蹴，踢。鞠，本作鞠，古代的皮制实心球。秋千：今作秋千。②覃烟：烟雾蔓延。覃，蔓延；遍布。③婵娟：美好貌，多用来形容女子。李白《飞龙引》二首之二："后宫婵娟多花颜。"④云笺：轻薄如云的纸，或有云状花纹的纸。此"云笺"疑为"云栈"之误，即凌空架设的栈道，与"雪鼓"相对。⑤"洗耳"句：上古高士许由怕尧要召他做官的话污染了耳朵，便去颍水边洗耳，不料却遭到另一高士巢父的耻笑。⑥"折腰"句：晋陶渊明任彭泽令时，小吏报告督邮来了，应束带拜见。陶说："我岂能为五斗米折腰向乡里小儿？"于是辞官归隐。五斗米，县令的俸禄为五斗米。⑦郭泰：东汉名士。⑧"山涛"二句：《世说新语·任诞》载：山涛之子山简常在醉后倒戴头巾骑马而归。接䍦，古代的一种头巾。倒着接䍦本为山简事，此误为山涛。

笠翁对韵

2 轻(qīng)对(duì)重(zhòng)，肥(féi)对(duì)坚(jiān)①。碧(bì)玉(yù)对(duì)青(qīng)钱(qián)②。郊(jiāo)寒(hán)对(duì)岛(dǎo)瘦(shòu)③，酒(jiǔ)圣(shèng)对(duì)诗(shī)仙(xiān)④。依(yī)玉(yù)树(shù)⑤，步(bù)金(jīn)莲(lián)⑥。凿(záo)井(jǐng)对(duì)耕(gēng)田(tián)。杜(dù)甫(fǔ)清(qīng)宵(xiāo)立(lì)⑦，边(biān)韶(sháo)白(bái)昼(zhòu)眠(mián)⑧。豪(háo)饮(yǐn)客(kè)吞(tūn)波(bō)底(dǐ)月(yuè)，酣(hān)游(yóu)人(rén)醉(zuì)水(shuǐ)中(zhōng)天(tiān)。斗(dòu)草(cǎo)青(qīng)

注释：①**肥**：肥马。**坚**：坚车。②**青钱**：用青铜铸成的钱，是铜钱中质地成色最好者。③**郊寒对岛瘦**：指中唐诗人孟郊和贾岛诗的风格。苏轼《祭柳子玉文》："元轻白俗，郊寒岛瘦。"④**酒圣**：晋代刘伶善饮酒，后人称之为"酒圣"。**诗仙**：唐代诗人李白诗韵天成，在长安贺知章见之称为"谪仙人"，后世称"诗仙"。⑤**玉树**：传说中的仙树，比喻姿貌俊美才干优异的人。杜甫有诗道："宗之潇洒美少年，皎如玉树临风前。"⑥**步金莲**：南朝齐东昏侯以黄金制成莲花贴在地上，让潘妃在上面行走，称之为"步步生莲花"。⑦**清宵立**：杜甫《恨别》诗："思家步月清宵立。"⑧**边韶白昼眠**：《后汉书·边韶传》载：东汉人边韶，字孝先，善口辩，喜昼眠。其弟子嘲讽他说："边孝先，腹便便。懒读书，但昼眠。"

今年意味报春知　清·钱慧安

郊①，几行宝马嘶金勒②；看花紫陌③，千里香车拥翠钿④。

③ 吟对咏，授对传。乐矣对凄然。风鹏对雪雁，董杏对周莲⑤。春九十⑥，岁三千⑦。钟鼓对管弦。入山逢

注释：①斗草：古代的斗花草游戏。白居易《观儿戏》诗："弄尘复斗草，尽日乐熙熙。"②金勒：用金装饰的马笼头。③紫陌：指京城郊野的道路。李白《南都行》："高楼对紫陌，甲第连青山。"④翠钿：用珠翠等镶成的形状如花朵的首饰，此指代美女。⑤董杏：《神仙传》载：名医董奉不仅医术高，医德也好，常给人看病不取报酬，要求病愈者栽植杏树五株，日久成林。周莲：宋代周敦颐喜爱莲花，著有《爱莲说》一文，中有"莲，花之君子者也"的句子。⑥春九十：立春后九十日，晚春。⑦岁三千：《汉武帝内传》载：有人对汉武帝说，西王母的仙桃三千年才成熟一次。

下卷

◎ 一先

潘妃像 清·吴友如

宰相①，无事即神仙。霞映武陵桃淡淡②，烟荒隋堤柳绵绵③。七碗月团，啜罢清风生腋下④；三杯云液⑤，饮余红雨晕腮边。

④ 中对外，后对先。树下对花前。

注释：①入山逢宰相：南朝梁陶弘景学问渊博，但不愿做官，隐居山中，梁武帝萧衍常入山请教治国之道，因此人们称他为"山中宰相"。②武陵：即武陵源，是晋陶渊明在《桃花源记》中所描绘的世外桃源。③隋堤柳绵绵：隋炀帝大业年间（公元605—617年）开凿通济渠，于渠堤上植柳树。④"七碗"二句：语出唐卢仝饮茶诗："七碗吃不得也，唯觉两腋习习清风生。"月团，名茶名。啜，喝。⑤云液：酒名。白居易《对酒闲吟》诗："云液洒六腑，阳和生四肢。"

金陵十八景图之太平堤　明·文伯仁

◎ 一先

玉柱对金屋①，叠嶂对平川②。孙子策③，祖生鞭④。盛席对华筵。解醉知茶力，消愁识酒权⑤。丝剪芰荷开冻沼⑥，锦妆凫雁泛温泉⑦。帝女衔石，海中遗魄为精卫⑧；蜀王叫月，枝上游魂化杜鹃⑨。

注释： ①**金屋**：汉武帝小时候曾说，如果娶了姑姑长公主的女儿阿娇，就建造金屋给她居住。②**叠嶂**：层层叠叠的山峰。嶂，直立像屏障的山峰。**平川**：平地；平原。③**孙子策**：指春秋末年著名军事家孙武所著《孙子兵法》。④**祖生鞭**：指祖逖北伐中原之志。《晋书·刘琨传》载：刘琨怕祖逖先伐中原，说："吾枕戈待旦，志枭逆虏，常恐祖生先吾著鞭。"祖生，晋代名将祖逖。⑤**酒权**：酒力。⑥**丝剪**：指隋炀帝以丝绢剪成荷花插在池塘中。**芰荷**：荷花。芰，古书上指菱角。**沼**：池塘。⑦**锦妆**：相传唐玄宗曾命宫女缝制锦绣凫雁放置于华清池内，自己与妃子乘舟游乐。**凫**：野鸭。**泛**：漂浮。⑧**"帝女"二句**：《山海经·北山经》载：上古炎帝的女儿游东海溺死，化为冤鸟，名精卫，常衔西山木石填东海。⑨**"蜀王"二句**：《华阳国志》载：东周末年，蜀王杜宇称帝，号望帝。死后化为杜鹃鸟，昼夜啼叫，叫时会吐血，其声凄厉。

酒力醒茶烟歇 清·吴友如

二 萧

❶ 琴对管,釜对瓢。水怪对花妖。秋声对春色,白缣对红绡①。臣五代②,事三朝③。斗柄对弓腰④。醉客歌金缕,佳人品玉箫。风定落花闲不扫,霜余残叶湿难烧。千载兴周,尚父一竿投渭水⑤;百年霸越,钱王万弩射江潮⑥。

注释:①缣:细绢。绡:生丝织成的绸子。②臣五代:五代时冯道,曾先后为后唐、后晋、辽、后汉、后周五朝之臣。③事三朝:历事三位君主或三个朝代的重臣,如季文子曾担任鲁宣公、成公、襄公三君主的卿相,沈约历仕宋、齐、梁三个朝代。④斗柄:北斗七星的杓柄三星。弓腰:弓的背。⑤"千载"二句:西周开国功臣姜尚,又称吕望、姜太公,因辅佐周武王灭商,定鼎天下,被周武王尊为"尚父"。姜尚一度隐居垂钓于渭水,被周文王出猎时遇到,聘为谋臣,后来辅佐武王开创了周朝千年基业。⑥"百年"二句:五代时,吴越王钱镠据两浙之地建立了吴越国。吴越国在修筑钱塘江海堤时,潮水暴涨,钱镠命万余弓箭手以弓弩射退江潮。弩,古代兵器,一种利用机械力量发射的弓,泛指弓箭。

❷ 荣对悴①，夕对朝。露地对云霄。商彝对周鼎②，殷濩对虞韶③。樊素口，小蛮腰④。六诏对三苗⑤。朝天车奕奕⑥，出塞马萧萧⑦。公子幽兰重泛舸⑧，王孙芳草正联镳⑨。潘岳高怀，

◎二萧

注释：①**荣：**繁盛。**悴：**枯萎，憔悴。②**商彝：**商代的青铜酒器。**周鼎：**周代的青铜鼎。鼎，常见者为三足两耳，用于烹煮食物或铭记功绩。③**殷濩：**濩通护，商汤时乐名，又名"大濩"。**虞韶：**虞舜时期舞乐名，又名"箫韶"。④**"樊素"二句：**樊素和小蛮都是唐代诗人白居易的歌姬，据说樊素是樱桃小口，小蛮是杨柳细腰。⑤**六诏：**唐代西南夷的乌蛮六部，在今云南及四川西南部。诏，少数民族南诏对首领的称号。**三苗：**古代的苗族，又称"有苗""苗蛮"。⑥**朝天：**朝见天子（即皇帝）。**奕奕：**众多美貌。⑦**塞：**边塞，要塞。**萧萧：**马的叫声。⑧**"公子"句：**是化用《楚辞·九歌·湘夫人》中描写湘夫人泛舟寻觅湘君的诗意。公子，指湘夫人。**舸，**船。⑨**王孙：**贵家子弟的泛称。**芳草：**指花草芬芳的春天。**联镳：**并辔，指结伴并马而行。镳，马嚼子两端露出嘴外的部分。

渭水河文王访贤·《封神演义》

曾向秋天吟蟋蟀①；王维清兴，尝于雪夜画芭蕉②。

3　耕对读，牧对樵。琥珀对琼瑶③。兔毫对鸿爪，桂楫对兰桡④。鱼潜藻⑤，鹿藏蕉⑥。水远对山遥。湘灵能

注释：①"潘岳"二句：西晋潘岳《秋兴赋》："蟋蟀鸣乎轩屏。"②"王维"二句：唐代著名诗人、画家。王维最善诗与画，曾画雪中芭蕉。宋代苏轼说："味摩诘之诗，诗中有画；观摩诘之画，画中有诗。"摩诘，王维的字。③琥珀：古代松柏树脂的化石，淡黄色、褐色或红褐色的固体，可做装饰品。琼瑶：美玉。④桂楫对兰桡：桂和兰都是木名，楫和桡都是船桨。⑤鱼潜藻：鱼藏在水草之下。语见《诗经·小雅·鱼藻》。⑥鹿藏蕉：《列子·周穆王》载：郑国樵夫打死一只鹿，埋在沟里并用蕉叶盖起来，结果忘记了藏鹿的地方，以为是个梦。

临宋人画之昭君出塞　明·仇英

◎ 二萧

鼓瑟①，嬴女解吹箫②。雪点寒梅横小院，风吹弱柳覆平桥。月牖通宵③，绛蜡罢时光不减④；风帘当昼，雕盘停后篆难消⑤。

注释：①湘灵：湘水之神，相传是舜的两个妃子娥皇和女英死于江湘之间所化。鼓瑟：弹瑟。瑟是一种古代的弦乐器，像琴。②嬴女：指秦穆公之女弄玉，秦为嬴姓。③月牖：月光照映下的窗户。④绛蜡：红色的蜡烛。⑤雕盘：雕花香炉。篆：篆字，此指缭绕升腾形如篆字的烟雾。

人物故事图之吹箫引凤 明·仇英

三 肴

① 诗对礼，卦对爻。燕引对莺调①。晨钟对暮鼓②，野馔对山肴③。雉方乳④，鹊始巢。猛虎对神獒⑤。疏星浮荇叶⑥，皓月上松梢。为邦自古推瑚琏⑦，从政于今愧斗筲⑧。管鲍相知⑨，能交忘形胶漆友；蔺廉有隙，

注释： ①**燕引**：指乳燕引领幼雏。**莺调**：指黄莺和鸣，呼朋唤友。语出宋辛弃疾《满江红》："乳燕引雏飞力弱，流莺唤友娇声怯。" ②**晨钟对暮鼓**：指寺庙早晚报时的钟鼓声。 ③**野馔对山肴**：指寻常的农家饭菜。馔，饭食。肴，荤菜。 ④**雉方乳**：东汉时，河南发生蝗灾，中牟的邻县都受害，唯独不侵扰中牟县境。河南尹袁安听说，前往察看，见儿童旁有雉，问为什么不捕捉，儿童回答："雉方将雏。"袁安说："虫不犯境，化及禽兽，竖子有仁心。三异也。"雉，野鸡。将雏，母鸟携带幼鸟。 ⑤**獒**：一种狗，体大尾长，凶猛善斗，可做猎犬。 ⑥**荇**：荇菜，多年生草本植物，叶子浮在水面，根生在水底。 ⑦**"为邦"句**：瑚琏是古代祭祀盛黍稷用的礼器。孔子曾用瑚琏比喻子贡是经邦治国之材。 ⑧**斗筲**：斗和筲都是竹木制作的普通容器，喻指普通人才，非良才大器。语见《论语·子路》。 ⑨**管鲍相知**：春秋时管仲和鲍叔牙同仕于齐桓公，二人交情深厚。后世多用来比喻挚友。

终为刎颈死生交^①。

❷ 歌对舞，笑对嘲。耳语对神交。焉鸟对亥豕^②，獭髓对鸾胶。宜久敬，莫轻抛。一气对同胞^③。祭遵甘

注释：①蔺廉：战国时，赵国蔺相如出使秦国完璧归赵，因功而拜相国。大将军廉颇不服，屡次对蔺相如加以羞辱，蔺以国家为重，一再退让，终于使廉颇感悟，负荆请罪，二人结为生死之交。刎颈：割断脖颈。刎颈之交，比喻生死之交。②焉鸟对亥豕："焉"与"鸟"（繁体）、"亥"与"豕"字形极相近，容易混淆，古谚云："书经三写，乌焉成马。"《吕氏春秋》载，子夏赴晋经卫国，有人说从书上读到"晋三豕过河"。子夏说："不对，一定是把'己亥'误作'三豕'了。"到晋国一问，果然是"晋师己亥涉河"。故以焉鸟、亥豕指错别字。③一气：志同道合，意气相投。

南村别墅图　明·杜琼

布被①，张禄念绨袍②。花径风来逢客访，柴扉月到有僧敲。夜雨园中，一颗不凋王子柰③；秋风江上，三重曾卷杜公茅④。

3 衙对舍，廪对庖⑤。玉磬对金铙⑥。竹林对梅岭⑦，起凤对腾蛟⑧。鲛绡帐⑨，兽锦袍⑩。露果对风梢。扬州输橘柚，荆土贡菁茅⑪。断蛇埋地称

注释：①祭遵甘布被：东汉将军祭遵随光武帝征战有功，封列侯。祭遵一心为国，家无私财，生活简朴，甘愿盖一床普通的布被子。甘，心甘情愿。②张禄念绨袍：即战国时秦相范雎。范雎当初在魏国时曾被须贾陷害，化名张禄逃到秦国，被秦昭王拜为相。后须贾出使秦国，范雎穿着破衣见贾，贾怜其贫，赠以绨袍。范雎念他还有故人情意，免其一死。绨，质粗厚，平滑而有光泽的丝织品。③"一颗"句：晋代著名孝子王祥，《世说新语·德行》载：王祥的继母曾不喜欢他，命王祥守护园中的柰树，如有一颗柰果落下就要鞭打王祥。王祥于是抱着柰树痛哭，柰果果然一颗不落。凋，凋落。柰，柰子，俗名花红果。④"秋风"二句：杜公指唐代诗人杜甫。杜甫居住成都草堂时，茅屋曾被秋风吹破，因作《茅屋为秋风所破歌》，中有"八月秋高风怒号，卷我屋上三重茅"之句。⑤廪：粮仓。庖：厨房。⑥磬：古代打击乐器，形状像曲尺，用玉或石制成。铙：打击乐器，像钹，中间凸起部分比钹的小。⑦竹林：晋代嵇康、阮籍、山涛等七人以诗酒和放荡不羁的情趣相投，人称"竹林七贤"。梅岭：即大庾岭，因古代多梅树而得名。⑧起凤对腾蛟：形容文章的神韵气势。语出唐初王勃《滕王阁序》："腾蛟起凤，孟学士之词宗。"⑨鲛绡：据《博物志》载，鲛绡是南海中生活的鲛人所吐绡纱，轻而薄，冬天寒气不能入，盛夏则生凉。⑩兽锦：绣有兽形图纹的锦缎。⑪菁茅：产于荆楚之地的一种茅草，在祭祀时用来调酒。据《尚书·禹贡》记载，橘柚和菁茅均为地方贡物。

孙叔①，渡蚁作桥识宋郊②。好梦难成，蛩响阶前偏唧唧③；良朋远到，鸡声窗外正嘐嘐④。

注释：①"断蛇"句：古代传说人若见双头蛇必死。春秋时楚国令尹孙叔敖幼时遇双头蛇，随即打死埋掉，不让别人再见到。回家告诉母亲，母亲夸他做了好事，必得上天保佑。后来孙叔敖果然官至楚相。②"渡蚁"句：宋郊见蚁群被雨水冲散，便用竹子搭桥引渡蚂蚁。因救生积德，后来考中状元。③唧唧：象声词，形容虫叫声等。④嘐嘐：鸡叫声。唐元稹《江边》诗："犬惊狂浩浩，鸡乱响嘐嘐。"

唐人诗意图　明·陆　治

四豪 sì háo

茭对茨①，荻对蒿②。山麓对江皋③。莺簧对蝶板④，麦浪对松涛。骐骥足⑤，凤凰毛。美誉对嘉褒⑥。文人窥蠹简⑦，学士书兔毫⑧。马援南征载薏苡⑨，张骞西使进葡萄⑩。辩口悬河，万语千言常亹亹⑪；词源倒峡⑫，连篇累牍自滔滔⑬。

注释： ①茭：牛蕲；茨：即蒺藜，均为草本植物。②荻：多年生草本植物，形状像芦苇。蒿：蒿子，通常指花小、叶子作羽状分裂的草本植物。③山麓：山脚。江皋：江边的高地。④莺簧：莺舌。簧，乐器里的发声薄片。蝶板：蝴蝶翅膀。⑤骐骥：骏马。⑥嘉褒：表扬，为同义复合词。嘉、褒都是赞扬、夸奖的意思。⑦蠹简：被虫蛀蚀的书简。蠹，蠹虫，咬器物的虫子。⑧兔毫：兔毛笔。⑨"马援"句：《后汉书·马援传》载：东汉大将马援南征交趾国，回来时带回一车薏实作良种，却被人诬告他带回一车珠宝。薏苡，多年生草本植物，果仁叫薏米，可食用及酿酒。⑩"张骞"句：西汉武帝时著名外交家张骞，曾奉命先后两次出使西域，到达大宛、大食等地，增进了东西文化交流。相传葡萄即由张骞从西域引入内地。⑪亹亹：勤勉不倦的样子。《诗经·大雅·文王》："亹亹文王，令闻不已。"⑫词源倒峡：形容辞藻丰富，文思如潮水般冲出峡谷。⑬连篇累牍：本义为文章冗长，这里形容文思敏捷、滔滔不绝。牍，古代写字用的木简。

2 四豪

梅对杏,李对桃。械朴对旌旄①。酒仙对诗史②,德泽对恩膏③。悬一榻④,梦三刀⑤。拙逸对贵劳。玉堂花烛绕,金殿月轮高。孤山看鹤盘云下,蜀道闻猿向月号。万事从人,有花有酒应自乐;百年皆客,一丘一壑尽吾豪。

注释: ①械:树名,即白桵,丛生,有刺。朴:树名,落叶乔木,木材可制器具。《诗经·大雅》用械朴比喻人才。旌旄:旌是古代一种在旗帜顶上用彩色羽毛做装饰的旗子,旄的装饰是用牦牛尾。②酒仙:指唐代诗人李白。杜甫《饮中八仙歌》说李白"天子呼来不上船,自称臣是酒中仙"。诗史:指杜甫反映唐代现实生活的诗歌作品。③泽、膏:都有滋润的意思。④悬一榻:东汉陈蕃任豫章太守,不喜见客,但很器重隐士徐稚,在家中吊一榻,专待徐稚到来。榻,狭长而较矮的床。⑤梦三刀:西晋王濬梦见梁上悬三刀,后又增一把。解梦人告诉他,三刀是"州"字(篆书),又增一把的意思是"益",你当做益州太守,后果如其言。

自制新词韵最娇 清·钱吉生

3 台对省[①]，署对曹[②]。分袂对同袍[③]。鸣琴对击剑，返辙对回艚[④]。良借箸[⑤]，操捉刀[⑥]。香茗对醇醪[⑦]。滴泉归海大，篑土积山高[⑧]。石室客来煎

注释：①台、省：都是古官署名。《新唐书·百官志》："其官司之别，曰省，曰台，曰寺……"②署：官署，官吏办公的地方。曹：古代中央或州府分科办事的机构。如兵曹、功曹等。③分袂：即分手。袂，袖子。同袍：朋友交好。《诗经·秦风·无衣》："岂曰无衣，与子同袍。"④返辙对回艚：意指掉转车、船而返。辙，车辙，此指车。艚，一种木船。⑤良借箸：《史记·留侯世家》载：西汉张良曾在饭桌上用筷子为刘邦筹划分封六国后裔的利害。箸，筷子。⑥操捉刀：《世说新语·容止》载：曹操自认为其貌不扬，在接见匈奴使者时让崔季珪做替身，自己则提刀站立床头充当卫士。见毕，匈奴使者却说："魏王看来相貌堂堂，但捉刀人才是真英雄。"捉刀，提刀。⑦醇醪：指味道纯正浓厚的酒。醪，浊酒，汁渣混合的酒。⑧篑：盛土的筐子。

好山移舫对 清·钱吉安

雀舌^①，画堂宾至饮羊羔^②。被谪贾生^③，湘水凄凉吟鵩鸟^④；遭谗屈子，江潭憔悴著离骚^⑤。

注释：①雀舌：茶名。见宋代沈括《梦溪笔谈》。②羊羔：美酒名。③被谪贾生：西汉贾谊年少多才，因上书汉文帝为权臣忌恨，被贬为长沙王太傅，后被召回。谪，封建时代将官吏降职并调到边远地方做官。④湘水：贾谊被贬长沙，遇猫头鹰入室，作《鵩鸟赋》抒发忧愤之情。鵩鸟：又名山鹗，被认为是不祥的鸟。⑤"遭谗"二句：战国时期楚国大夫屈原因受诬陷而被楚王流放，赋长诗《离骚》抒发忧愤之怀，成为千古名篇。《楚辞·渔父》描写屈原被放逐后"行吟泽畔，颜色憔悴，形容枯槁"。

屈原卜居图　清·黄应湛

五歌

❶ 微对巨，少对多。直干对平柯①。蜂媒对蝶使，雨笠对烟蓑②。眉淡扫，面微酡③。妙舞对清歌。轻衫裁夏葛④，薄袂剪春罗⑤。将相兼行唐李靖⑥，霸王杂用汉萧何⑦。月本阴精⑧，岂有羿妻曾窃药⑨；星为夜宿⑩，浪传织女漫投梭⑪。

注释：①平柯：横向伸展的树枝。②笠：用竹或草编成的帽子，可以遮雨、遮阳光。蓑：蓑衣，用草或棕制成的，披在身上的防雨用具。③酡：喝了酒脸色发红。④葛：用葛的纤维织成的布，俗称夏布。⑤罗：质地稀疏的丝织品。⑥将相：李靖在唐朝开国和平定朔方的战争中战功卓著，位兼将相，封卫国公。⑦霸王杂用："霸道"和"王道"兼行。指萧何为汉朝制定法令，兼用儒家和法家学说，实行德刑并施的两手政策。萧何：汉初丞相。⑧阴精：阴气之精。精，元气，精华。⑨羿妻曾窃药：羿是神话有穷国国君，传说曾射落危害人间的九日，西王母赠以不死之药，其妻嫦娥偷食后，飞升月宫。⑩宿：星座，指二十八宿。《列子·天瑞》："天果积气，日月星宿不当坠邪？"⑪"浪传"句：犹言风传，盛传，即传说。传说天上的牵牛星和织女星是夫妻所变，他们隔着天河（银河）以梭相投。每年七月七日晚，有喜鹊在天河上搭桥，让他们相会。

❷ 慈对善,虐对苛。缥缈对婆娑①。长杨对细柳②,嫩蕊对寒莎③。追风马④,挽日戈⑤。玉液对金波⑥。紫诏衔丹凤⑦,黄庭换白鹅⑧。画阁江城梅作调⑨,兰舟野渡竹为歌。门外雪飞,错认空中飘柳絮⑩;岩边瀑响,误疑天半落银河⑪。

注释:①**缥缈:**隐隐约约,若有若无。**婆娑:**盘旋(多指舞姿)。②**长杨:**汉代长安宫殿名。**细柳:**汉代周亚夫曾在细柳安营驻军。③**莎:**莎草,多年生草本植物,地下块根可入药,名香附子。④**追风马:**周穆王有八匹骏马,其中有一匹名为追风。⑤**挽日戈:**《淮南子·览冥训》载:春秋时楚国鲁阳公与韩国交战,至日落时仍未罢休,鲁阳公挥鞭指日,使它返回三舍,又继续大战。⑥**玉液:**指美酒。**金波:**指日光照耀下金光闪闪的水波。⑦**紫诏:**皇帝的诏书,因古代皇帝的诏书以紫泥封口。**衔丹凤:**《晋书·石季龙传》载:石季龙游戏马观,见有木凤口衔五色诏书,有辘轳转动回旋,若飞翔状。⑧**黄庭换白鹅:**晋代书法家王羲之爱鹅,传说他曾为山阴道士书写《黄庭经》,道士回赠白鹅酬谢。《黄庭经》是道家讲养生修炼之术的经文。⑨**画阁:**经雕绘装饰的楼阁,此指黄鹤楼。**梅作调:**指《梅花落》曲调。李白诗有"黄鹤楼中吹玉笛,江城五月落梅花"的句子。⑩"**门外**"二句:《世说新语·言语》载:晋才女谢道韫随伯父谢安赏雪,赋有"未若柳絮因风起"的诗句,被谢安赞为咏雪佳句。⑪**天半落银河:**是化用李白诗《望庐山瀑布》"飞流直下三千尺,疑是银河落九天"的句子。

歌乐图 南宋·无 款

3

松对竹，荇对荷①。薜荔对藤萝②。梯云对步月③，樵唱对渔歌。升鼎雉④，听经鹅⑤。北海对东坡⑥。吴郎哀废宅⑦，邵子乐行窝⑧。丽水良金皆

注释：①荇：荇菜，多年生草本植物，叶子略呈圆形，浮在水面，根生在水底。②薜荔：木本植物，茎蔓生，果实球形，可做凉粉。③梯云：比喻登山如登梯入云。李白《梦游天姥吟留别》诗："脚着谢公屐，身登青云梯。"步月：在月下散步。④升鼎雉：《史记·殷本纪》载：商帝武丁祭祀宗庙时有一只野鸡飞到鼎上鸣叫。雉，野鸡。⑤听经鹅：关于听经鹅的传说有几种，如僧惠（或作慧）远的鹅、靖州观音寺的鹅、明朝侍中钟复秀的鹅，都会听经。还有人说僧志违的鹅，疑为"惠远"之误。⑥北海：东汉孔融，很有文才，曾任北海相，人称"孔北海"。北海，指北海郡，在今山东省潍坊市昌乐西。东坡：北宋著名文学家苏轼，被贬官黄州，居东坡，自号东坡居士。⑦吴郎哀废宅：唐代吴融著有《废宅》诗。⑧邵子乐行窝：宋代道学家邵雍称自己的住所为"安乐窝"。

观瀑图 明·王谔

待冶,崑山美玉总须磨①。雨过皇州,琉璃色灿华清瓦②;风来帝苑③,荷芰香飘太液波④。

笼对槛⑤,巢对窝。及第对登科⑥。冰清对玉润⑦,地利对人和⑧。韩

◎ 五歌

下卷

注释:①丽水:古水名,一说即今金沙江云南丽江境内段。崑山:昆仑山。史载,古代昆仑山产美玉。②华清瓦:指华清宫。唐玄宗在陕西骊山脚下建华清宫,作为携杨贵妃避寒的行宫。③帝苑:即皇帝园林。苑,养禽兽植林木的地方。④太液波:汉武帝在长安造太液池,以后唐、元、明、清各朝也在京城建太液池。⑤槛:关野兽或牲畜的栅栏,或囚禁犯人的槛车。⑥及第:明清科举考试殿试考中一甲前三名的称"进士及第",二甲及以下的称"进士出身"。登科:唐制及第后由吏部复试获中方称登科,唐以后凡应试得中即称登科。⑦冰清对玉润:晋代乐广及其女婿王珣都很有名声,被人分别称赞为冰清、玉润。⑧地利对人和:语出《孟子·公孙丑》:"天时不如地利,地利不如人和。"

太液荷风图 宋·佚名

擒虎①，荣驾鹅②。青女对素娥③。破头朱泚笏④，折齿谢鲲梭⑤。留客酒杯应恨少，动人诗句不须多。绿野凝烟，但听村前双牧笛；沧江积雪，惟看滩上一渔蓑。⑥

注释：①韩擒虎：隋初大将，曾率军灭陈。②荣驾鹅：春秋时鲁昭公的大臣荣成伯。③青女：霜雪之神。素娥：月中嫦娥。④破头朱泚笏：《唐书》载：唐德宗时，太尉朱泚欲篡位称帝，司农段秀实以笏板击破其头。笏，古代君臣在朝廷上相见时手中所拿的狭长板子，用玉石、象牙或竹制成，上面可以记事。⑤折齿谢鲲梭：晋人谢鲲年轻时调戏邻家女子，被女投梭击中，打断了牙齿。⑥"沧江"二句：引用唐柳宗元《江雪》诗"孤舟蓑笠翁，独钓寒江雪"的意境。

唐人诗意图　明·陆　治

六麻

① 清对浊,美对嘉。鄙吝对矜夸①。花须对柳眼②,屋角对檐牙③。志和宅④,博望槎⑤。秋实对春华。乾炉烹白雪,坤鼎炼丹砂⑥。深宵望冷沙场月⑦,边塞听残野戍笳⑧。满院松风,钟声隐隐为僧舍;半窗花月,锡影依依是道家⑨。

注释: ①**鄙吝:** 过分吝啬。**矜夸:** 骄傲自夸。②**花须:** 花蕊中长出的丝须。**柳眼:** 柳叶细长似眉眼。唐李商隐诗《二月二日》:"花须柳眼各无赖,紫蝶黄蜂俱有情。"③**檐牙:** 旧式屋檐伸出的椽子头排列如牙齿,故称"檐牙"。④**志和宅:** 唐代诗人张志和在父母死后不再做官,隐居江湖中,自称以太虚为庐,明月为伴。⑤**博望槎:** 汉武帝时,张骞出使西域,到达大宛、大食等地,后封博望侯。传说张骞曾乘木筏寻找黄河源。槎,木筏。⑥**乾炉、坤鼎:** 乾、坤均是《周易》中的卦名。乾炉、坤鼎都是道家对鼎炉的称呼。**烹白雪:** 以雪水煎茶。**炼丹砂:** 古代道教术士以铅汞和朱砂炼制丹药。⑦**沙场:** 广阔的沙地,多指战场。⑧**边塞:** 边疆地区的要塞。**野戍:** 在野外守卫。**笳:** 胡笳,我国古代北方民族的一种乐器,类似笛子。⑨**锡:** 顶端装有锡环的禅杖,僧人随身携带,并用以防身,故古时称僧人停驻为"驻锡"。**依依:** 本是形容树枝随风摇摆,此作依稀可辩解。**道家:** 佛门对有道高僧的称谓。

2

雷对电，雾对霞。蚁阵对蜂衙①。寄梅对怀橘②，酿酒对烹茶。宜男草③，益母花④。杨柳对蒹葭⑤。班姬辞帝辇⑥，蔡琰泣胡笳⑦。舞榭歌楼千万尺⑧，竹篱茅舍两三家。珊枕半床，

注释：①**蜂衙**：指蜂房。②**寄梅**：陆凯曾寄给长安的好友一枝梅花，并附诗道："折梅逢驿使，寄与陇头人。江南无所有，聊赠一枝春。"关于陆凯，其为何时代人及其他具体情况，尚未定论。**怀橘**：史载三国吴陆绩六七岁时随大人到袁术处作客，拿了三个橘藏在怀中，拜别时橘子掉在地上，袁术问他，回答说带回去孝敬母亲。③**宜男草**：萱草的别名。古代风俗认为妇女佩戴萱草花可生男孩。④**益母花**：益母即益母草，茎和籽实均可入药，可治妇科病。⑤**蒹葭**：芦苇。⑥**班姬辞帝辇**：汉成帝游后苑，命妃子班婕妤同车，被班婉言谢绝。辇，古代用人拉的车，后来多指皇帝、皇后坐的车。⑦**蔡琰泣胡笳**：东汉蔡邕之女蔡琰，即蔡文姬，通晓音律，汉末被匈奴所掳，嫁与左贤王为妻，二十多年后被曹操赎回。蔡琰在匈奴时作《胡笳十八拍》，抒发忧愤之情。胡笳，匈奴所吹的一种乐器。⑧**舞榭**：榭是建在台上的房屋，舞榭即歌舞之台。

关山夜月图 清·袁江

月明时梦飞塞外；银笋一奏①，花落处人在天涯。

❸ 圆对缺，正对斜。笑语对咨嗟②。沈腰对潘鬓③，孟笋对卢茶④。百舌鸟⑤，两头蛇⑥。帝里对仙家。尧仁敷率土，舜德被流沙⑦。桥上授书曾纳

注释：①笋：也叫古筝，一种弦乐器，木制长形，初时有十三根弦，现发展到二十五根弦。②咨嗟：叹息，赞叹。③沈腰：南朝梁沈约体弱多病，腰细瘦。潘鬓：晋代潘岳悼亡伤怀，两鬓早苍。④孟笋：传说三国时孟宗为孝子，其母冬天生病想吃鲜笋，孟宗抱竹而哭，竹子果然长出笋子。卢茶：唐代卢仝善饮茶。⑤百舌鸟：形容鸟善鸣叫，如有百舌。⑥两头蛇：传说古代孙叔敖见两头蛇。⑦尧仁、舜德：说上古帝王尧、舜的仁政和德行推行广泛，遍及人民。敷：施于，遍布。率土："率土之滨"的省略语，意为四海之内。被：覆盖，施及。流沙：指荒芜偏远之地。

文姬归汉图·杨柳青年画

履①，壁间题句已笼纱②。远塞迢迢③，露碛风沙何可极④；长沙渺渺⑤，雪涛烟浪信无涯⑥。

4　疏对密，朴对华。义鹘对慈鸦⑦。鹤群对雁阵，白苎对黄麻⑧。读三到⑨，

注释：①"桥上"句：《史记·留侯世家》载：西汉张良年轻时在桥上遇黄石公，恭敬地为他穿上脱掉的鞋子。黄石公认为张良行善敬老，于是传授给他兵书韬略。②"壁间"句：《宋史·寇准传》载：寇准早年曾在某寺庙的墙壁上题诗，后来发迹做了宰相，人们便把这些题诗用纱罩住，以示珍贵。唐代诗人王播也有类似的传说。③迢迢：遥远的样子。④露碛：裸露的沙石地。碛，浅水中的沙石，引申为不生草木的沙石地。极：终极，尽头。⑤渺渺：广阔无边，空旷遥远。⑥无涯：无边无际。涯，水边，引申为边。⑦义鹘：唐代诗人杜甫作有《义鹘行》诗，描写鹘帮助鹰复仇的义行。鹘，一种猛禽。慈鸦：老鸦孵雏后有一段时间羽毛脱落不能飞行，由幼鸦觅食饲养老鸦，叫作"反哺"，故称"慈鸦"。⑧苎：苎麻，一种麻类植物。⑨读三到：古人读书讲究口到、眼到、心到，称为三到。

孟宗哭竹生笋图　清·王素

吟八叉①。肃静对喧哗。围棋兼把钓，沉李并浮瓜②。羽客片时能煮石③，狐禅千劫似蒸沙④。党尉粗豪，金帐笼香斟美酒；陶生清逸，银铛融雪啜团茶⑤。

注释：①吟八叉：唐代诗人温庭筠，文思敏捷，据说他八叉其手而诗成。叉，将手指分开成叉状。②沉李并浮瓜：用冷水浸泡瓜果，李沉而瓜浮。③"羽客"句：传说仙人能煮石为饭。羽客，指能飞升的仙人。片时，片刻。④"狐禅"句：佛经说："狐禅如蒸沙，千劫不能成饭。"狐禅，又叫"野狐禅"，即佛所称的外道异端。千劫，佛家语言，意为永远。蒸沙，即蒸不成饭，意思是不能得道修成正果。⑤"党尉"四句：据《宋朝事实类苑》载：宋学士陶毂得到党尉家歌舞伎后，偶尔烹雪煮茶共饮，问该伎与在党家味道如何。该伎回答说："党家只知在销金帐中共饮羊羔美酒，浅斟低唱而已。"铛，古代釜类炊具，也用于温酒。啜，饮，吃。团茶，宋代为供奉宫廷而特制的一种茶饼，此指皇帝所赐贡品茶。

时还读我书　清·钱吉生

七阳 qī yáng

台对阁,沼对塘。朝雨对夕阳。游人对隐士,谢女对秋娘①。三寸舌②,九回肠③。玉液对琼浆④。秦皇照胆镜⑤,徐肇返魂香⑥。青萍夜啸芙蓉匣⑦,黄卷时摊薜荔床⑧。元亨利贞⑨,天地一机成化育⑩;仁义礼智⑪,圣贤千古立纲常。

注释: ①谢女:晋谢安的侄女谢道韫。秋娘:唐代女诗人杜秋娘,有《金缕衣》诗:"花开堪折直须折,莫待无花空折枝。"②三寸舌:即俗称"三寸不烂之舌",喻指能言善辩。③九回肠:即所谓愁肠百结,形容忧思难解,萦绕心头。九为约数,泛指多次。肚肠曲折盘绕,气绕其回转故曰"九回"。④玉液对琼浆:道教所言用玉屑、甘露调制的供神仙饮食之物,常用来指美酒。⑤秦皇照胆镜:《西京杂记》载:秦宫中有方镜,能照女子邪心,秦始皇用来照宫女。⑥徐肇:古代司天之官。返魂香:一种奇香,传说燃烧此香能使亡灵重现。⑦青萍:古代宝剑名。芙蓉匣:剑匣。⑧黄卷:指书籍。古代书籍所用的纸,经防蛀药物熏染处理,颜色发黄,故书籍称为"黄卷"。薜荔床:指用薜荔藤编织的床。薜荔是一种藤本植物,缘木而生。⑨元亨利贞:是《周易》中乾卦卦辞,代表四种事物或四种品德。⑩化育:教化养育。⑪仁义礼智:即封建社会所规定的四种德行,称为"四行"。

❷ 七阳

红对白,绿对黄。昼永对更长。龙飞对凤舞,锦缆对牙樯①。云弁使,雪衣娘②。故国对他乡。雄文能徙鳄③,艳曲为求凰④。九日高峰惊落帽⑤,暮春曲水喜流觞⑥。僧占名山,云绕茂林藏古殿;客栖胜地,风飘落叶响空廊。

注释:①锦缆:用锦缎做的缆绳。牙樯:象牙雕刻的桅杆。樯,桅杆。②云弁使,雪衣娘:晋人崔豹《古今注》说"蜻蜓名青弁使者",此处之"云弁使"之"云",或误写,或取蜻蜓翅膀似薄云之义。唐人郑处诲《明皇杂录》:"开元中,岭南献的鹦鹉……上及贵妃皆呼雪衣娘。"③雄文能徙鳄:唐代韩愈任潮州刺史时,关心民间疾苦,听说恶溪中有鳄鱼,危害人畜,于是作《祭鳄文》,当夜风雨大作,鳄鱼被逐走。徙,迁移。④艳曲为求凰:相传汉代文学家司马相如曾弹奏《凤求凰》曲向卓文君表达爱意,于是二人一起私奔。艳曲,抒发男女情爱之曲。求凰,即凤求凰,亦即求偶之意。⑤"九日"句:《晋书·孟嘉传》载:孟嘉于重阳节登山游玩,帽子被风吹落而不觉。九日,重阳节在农历的九月九日。⑥"暮春"句:古代风俗在农历三月初三于水滨宴饮,认为可以祛除不祥。后人因此引水环曲成渠,流觞取饮,相与为乐。觞,酒杯。

桃源图 清·袁 耀

3

衰对壮,弱对强。艳饰对新妆。御龙对司马①,破竹对穿杨②。读班马③,识求羊④。水色对山光。仙棋藏绿橘⑤,客枕梦黄粱⑥。池草入诗因有梦⑦,海棠带恨为无香⑧。风起画堂,帘箔影翻青荇沼⑨;月斜金井,辘轳

注释:①御龙对司马:都是从祖上的官职得到的姓氏。均为复姓。②穿杨:比喻善射,箭法好。相传楚国养由基能"百步穿杨",在百步之外射中杨柳叶。③班马:指汉代班固和司马迁,都是史学家。班固作《汉书》,司马迁作《史记》。④识求羊:西汉末蒋诩退居杜陵,闭门谢客,独与老朋友求仲、羊仲交游。⑤仙棋藏绿橘:传说古代巴蜀人家中有橘树,忽然长出三只橘子,其大如斗,剖开见内有二仙翁在下棋。⑥客枕梦黄粱:唐人传奇《枕中记》写一书生住在旅舍,头枕别人给的一个枕头,梦见自己一生荣华富贵,一觉醒来,主人煮的黄粱饭还没有熟。这就是典故"黄粱美梦"的出处。⑦"池草"句:南朝宋诗人谢灵运在梦中赋得"池塘生春草,园柳变鸣禽"的佳句。⑧"海棠"句:宋代彭渊材曾说自己平生有五恨,其中第四恨是海棠无香。⑨帘:酒家望子,即酒旗。箔:门帘。青荇沼:青草池塘。

兰亭图之曲水流觞 南宋·佚 名

◎ 七阳

声度碧梧墙①。

❹ 臣对子,帝对王。日月对风霜,乌台对紫府②,雪牖对云房③。香山社④,昼锦堂⑤。蔀屋对岩廊⑥。芬椒涂内壁⑦,文杏饰高梁⑧。贫女幸分东壁

注释:①辘轳:利用轮轴原理制成的起重工具,通常安在井上汲水。②乌台:指御史台。因御史府中树上常有乌鸦栖息。紫府:道教中对神仙居处的称谓。③云房:僧道或隐士所居之室。④香山社:唐代诗人白居易与胡杲等年高不仕之人在洛阳所结社名。香山,在河南洛阳龙门山之东。⑤昼锦堂:北宋节度使魏国公韩琦建昼锦堂,退休后住在那里养老。昼锦,富贵还乡,与"衣锦夜行"相对。⑥蔀屋:席棚。岩廊:高峻之廊,后多喻指朝廷。⑦芬椒:香气浓郁的花椒。涂内壁:汉代用花椒和泥涂抹后妃居室之墙,取其香暖多子之意,称"椒房"。⑧文杏饰高梁:以文杏木雕刻花纹装饰房梁。文杏,一种优质杏木的名称。

睡起卷帷图 清·钱吉生

影^①，幽人高卧北窗凉^②。绣阁探春，丽日半笼青镜色；水亭醉夏，薰风常透碧筒香^③。

注释：①"贫女"句：古代齐国有位女子，因家贫借富裕的邻家灯光织布，被邻家女拒绝，贫女劝她莫惜东壁余光。②**幽人**：幽居之人，此指陶渊明。**高卧北窗凉**：化用陶渊明《与子俨疏》"北窗下卧，遇凉风暂至，自谓是羲皇上人"语意。③**薰风**：和风，指初夏时的东南风。唐白居易诗《首夏南池独酌》："薰风自南至，吹我池上林。"**碧筒**：将荷叶卷成筒作酒杯，称"碧筒杯"。

香山九老图　明·周臣

八　庚

① 形对貌，色对声。夏邑对周京。江云对涧树，玉磬对银筝。人老老①，我卿卿②。晓燕对春莺。玄霜春玉杵③，白露贮金茎④。贾客君山秋弄笛⑤，仙人缑岭夜吹笙⑥。帝业独兴，尽道汉高能用将⑦；父书空读，谁言赵括善知兵⑧。

注释：①老老：前一个"老"作动词，指敬老，养老。后一个"老"是名词，即老人。老老意为奉养老人。《孟子·梁惠王上》："老吾老，以及人之老。"②卿卿：古时夫妻或好朋友之间表示亲爱的称呼。③玄霜春玉杵：传说书生裴航以玉杵捣药，娶仙女云英为妻的故事。玄霜，神话中的仙药名。春，把东西放在石臼或乳钵里捣去皮壳或捣碎。杵，捣物的棒槌。④白露贮金茎：汉武帝和魏明帝均在宫中建造铜柱，上有金人持盘承露，用来和药饮之，以求长生。金茎，指铜柱。⑤"贾客"句：《博异记》载：一商人过君山，遇有仙人吹笛，能使风浪和月色随笛声高低而发生起落明暗变化。贾客，商人。君山，在洞庭湖中。⑥"仙人"句：传说周灵王太子晋喜欢吹笙，被仙人招去，驾鹤过缑山时向乡人辞谢。缑岭，山名，在河南省。⑦汉高能用将：《史记·高祖本纪》载：韩信说汉高祖刘邦"善将将"，即善于驾驭将才。⑧"父书"二句：《史记·廉蔺列传》载：赵国大将赵奢的儿子赵括，空谈其父的兵书，只会纸上谈兵，不知变通，领兵击秦，兵败被杀。

2

功对业,性对情。月上对云行。乘龙对附骥①,阆苑对蓬瀛②。春秋笔③,月旦评④。东作对西成⑤。隋珠光照乘⑥,和璧价连城⑦。三箭三人

注释：①**乘龙：**指佳婿。杜甫诗："门阑多喜气,女婿喜乘龙。"**附骥：**即附骥尾,比喻依附于人。②**阆苑：**传说中神仙居住的地方,诗文中常用来指宫苑。**蓬瀛：**神话传说中的东海仙山。③**春秋笔：**儒家学者认为孔子作《春秋》,惜墨如金,往往于一字中寓褒贬,称为"春秋笔法"。④**月旦评：**东汉许劭兄弟喜欢评论当地人物,每月换一个题目,后称品评人物为"月旦评"。⑤**东作对西成：**语出《尚书·尧典》,指春耕和秋收。⑥**隋珠光照乘：**《淮南子·览冥训》注载,隋侯以药救蛇伤,后来蛇自江中衔明珠报答。乘,车辆。古代称四匹马拉的车一辆为一乘。⑦**和璧：**和氏璧。《韩非子·和氏》载,楚人卞和得一块璞玉,先后三次向楚王进献,最后楚文王相信了卞和,剖开璞玉,得到一块价值连城的美玉,起名为"和氏璧"。

聘贤图　明·戴进

八庚

唐将勇①，一琴一鹤赵公清②。汉帝求贤，诏访严滩逢故旧③；宋廷优老，年尊洛社重耆英④。

❸ 昏对旦，晦对明⑤。久雨对新晴。蓼湾对花港⑥，竹友对梅兄。黄石叟⑦，丹丘生⑧。犬吠对鸡鸣。暮山云外断，新水月中平。半榻清风宜午梦，一犁好雨趁春耕。王旦登庸，误我十年迟作相⑨；刘蕡不第，愧他多

注释： ①**三箭：** 唐初大将薛仁贵在天山征突厥时，三箭射死为首的三名敌兵，军中于是歌唱道："将军三箭定天山，壮士长歌入汉关。" ②**"一琴"句：** 史载宋代赵抃为官清正，到成都任转运使时，单骑入蜀，仅以一琴一鹤相伴。③**"汉帝"二句：** 东汉严子陵是光武帝的旧友，隐居富春江钓鱼为乐。光武帝即位，访严于富春江钓鱼处。严滩，严子陵在富春江钓鱼的地方。④**"宋廷"二句：** 北宋文彦博、司马光等朝廷重臣退居洛阳，组织耆英社。宋廷，宋朝廷。年尊，年高，六十岁以上。⑤**晦：** 昏暗；不明显。⑥**蓼：** 一年生草本植物，花淡绿或淡红，也叫水蓼。⑦**黄石叟：** 即黄石公，秦代隐士（或称仙人）。《史记·留侯世家》载：秦末张良刺杀秦始皇失败后逃匿下邳，遇黄石公传授《太公兵法》。⑧**丹丘生：** 道教传说的仙人。唐代诗人李白诗《将进酒》："岑夫子，丹丘生，将进酒，杯莫停。" ⑨**"王旦"二句：** 王旦字子明，宋真宗时宰相，在相位十余年。王钦若继王旦为相，说：子明使我迟作十年宰相。登庸：登位，提拔任用。此指被任为宰相。

士早成名^①。

注释：①"刘蕡"二句：唐代刘蕡，在所作对策论中痛斥宦官专权误国，虽得到考官同情，但畏于宦官权势而不敢录取。对此，李邰说："刘蕡不第，我辈登科，实厚颜矣！"

槐荫消夏图　宋·佚　名

九青

❶ 庚对甲，己对丁①。魏阙对彤庭②。梅妻对鹤子③，珠箔对银屏④。鸳浴沼，鹭飞汀⑤。鸿雁对鹡鸰⑥。人间寿者相⑦，天上老人星⑧。八月好修攀桂斧⑨，三春须系护花铃⑩。江阁凭临，一水净连天际碧；石栏闲倚，群山秀向雨余青。

注释：①庚、甲、己、丁：都是天干中的名称，分别是十干中的第七、第一、第六和第四位。②魏阙：阙是宫门的台观，魏阙指宫门外的阙门，亦代指宫廷。彤庭：指帝王宫廷。因古代皇宫门墙涂成朱红色。③梅妻对鹤子：宋代诗人林逋生性喜爱梅花和养鹤，隐居于西湖孤山，终身不娶，人们说他以梅为妻，以鹤为子。④珠箔：用珍珠穿制的门帘。银屏：用银装饰的屏风。⑤汀：水边平地。⑥鹡鸰：鸟类的一属，种类很多，吃昆虫和小鱼等。⑦寿者相：长寿人的骨相。⑧老人星：天上掌人长寿的星宿。《史记·天官书》张守节《正义》说，老人星在南极，故有南极寿星之说。⑨攀桂斧：神话传说吴刚被罚在月宫砍伐桂树。攀，攀折，此指砍伐。⑩三春：指阳春三月。护花铃：《开元天宝遗事载》：唐玄宗的哥哥宁王爱花，作护花铃，蜜蜂、飞鸟至就牵动铃声惊走，不使害花。

2 危对乱，泰对宁。纳陛对趋庭①。金盘对玉箸，泛梗对浮萍②。群玉圃③，众芳亭。旧典对新型。骑牛闲读史④，牧豕自横经⑤。秋首田中禾颖重⑥，春余园内菜花馨⑦。旅次凄凉⑧，塞月江风皆惨淡；筵前欢笑，燕歌

注释：①**纳陛：**登台阶。**趋庭：**快走入庭。②**泛梗：**《战国策·齐策》有桃梗与土偶对话的寓言。桃梗对土偶说：大雨将至，你会被水淋坏。土偶答道：我本是土堆成，即使被水淋坏也反映了我的本性；而你是东园的桃树刻成的木梗，雨水来后不知会随水漂浮到何处。孟尝君的门客用这个故事劝阻他入秦。③**玉圃：**即瑶圃。神话传说昆仑山有瑶圃。④**骑牛闲读史：**隋代李密未发迹时，于牛角上挂《汉书》，耕余阅读。⑤**牧豕自横经：**汉武帝时公孙弘少年时家贫，曾为人放猪，拿着经书读，后担任丞相。豕，猪。横经，横拿经书。⑥**秋首：**秋初。⑦**春余：**春末。⑧**旅次：**旅途中的寓所。

山水图 清·王 云

zhào wǔ dú pīng tíng
赵舞独娉婷①。

注释：①"燕歌"句：古代燕赵之地女子善歌舞，舞姿美妙。娉婷：女子姿态美。

楚灵王贪恋细腰宫·杨柳青木版年画

十 蒸

❶ 萍对蓼①，莆对菱②。雁弋对鱼罾③。齐纨对鲁绮，蜀锦对吴绫④。星渐没，日初升。九聘对三征。萧何曾作吏⑤，贾岛昔为僧⑥。贤人视履循规矩⑦，大匠挥斤校准绳⑧。野渡春风，人喜乘潮移酒舫⑨；江天暮雨，客愁隔岸对渔灯。

注释：①萍、蓼：指浮萍和水蓼，都是水生植物。②莆、菱：都是水生植物。两角叫菱，四角叫芰。③雁弋：一种尾端带绳子的射雁用的箭。罾：一种有支架的方形渔网。④齐纨：古代齐国织的细绢。鲁绮：古代鲁国产的有花纹或图案的丝织品。蜀锦：古代蜀地产的有彩色花纹的丝织品。吴绫：古代吴国所产平滑有光泽的丝织品。⑤萧何曾作吏：西汉开国功臣萧何，秦末曾任沛县主吏掾，小吏出身。⑥贾岛昔为僧：中唐诗人贾岛青年时做和尚，韩愈劝他读书，后来得中进士。⑦视履：即视礼。《尔雅·释言》："履，礼也。"履义为踩、踏，引申为实践。循：遵循。规矩：规是画圆形的工具，矩是画直角或方形的曲尺。规矩意为一定的标准、法则或习惯。⑧大匠：技术高超的工匠。《庄子》载，郢人在鼻子尖上涂一点白土，一位石匠把斧子抡一下就把泥点砍掉了，鼻子却丝毫无损。斤：锛子，削平木料的工具。校：校正。准绳：测定物体平直的器具。⑨酒舫：载酒之船。

② 谈对吐,谓对称。冉闵对颜曾①。侯嬴对伯嚭②,祖逖对孙登③。抛白纻④,宴红绫⑤。胜友对良朋。争名如逐鹿⑥,谋利似趋蝇⑦。仁杰姨惭周不

注释:①冉、闵、颜、曾:指孔子弟子冉求、闵损、颜回和曾参。②侯嬴:战国时魏国都城大梁的守门小吏,协助信陵君窃取兵符救援赵国。伯嚭:春秋末吴国太宰。吴越交战,吴王夫差兵败后被杀。③祖逖:字士稚,东晋大将,豫州刺史。东晋初曾率部渡江北伐,收复了黄河以南地区。孙登:晋代隐居高士,有仙术,能作长啸之声。④抛白纻:宋裴思谦登第,以红笺数十幅入平康赋诗。王元之有诗云:"利市襕衫抛白纻,风流名字写红笺。"唐举子着白纻襕衫。⑤宴红绫:唐僖宗曾与新科进士宴于曲江,命御厨做红绫裹着的饼子,分赐士人。史载唐昭宗亦有赐红绫饼事。⑥逐鹿:比喻争夺天下。《史记·淮阴侯列传》:"秦失其鹿,天下共逐之。"⑦趋蝇:比喻追逐蝇头小利。宋苏轼《满庭芳》词:"蜗角虚名,蝇头微利。"

桃园问津·杨柳青木版年画

仕①，王陵母识汉方兴②。句写穷愁，浣花寄迹传工部③；诗吟变乱，凝碧伤心叹右丞④。

注释：①"仁杰"句：即狄仁杰，唐武则天时曾任宰相。史载狄仁杰曾想让姨妈灵氏之子做官，灵氏因女皇武则天改唐为周感到羞耻，以"只有一个儿子，不愿事女主"为由拒绝。②"王陵"句：王陵是楚汉相争时刘邦的将军，项羽拘其母逼她劝降王陵。王母让汉使传话给王陵，让他善事刘邦，勿生他念，言毕自刎而死。③"句写"二句：杜甫晚年住在成都浣花溪畔，他的诗句多描写穷愁忧国之情。浣花，指浣花溪，在成都西郊。工部，指杜甫，因杜甫曾任检校工部员外郎。④"诗吟"二句：唐代诗人王维，曾任尚书右丞。安史之乱时，叛军攻陷京城长安，安禄山宴于唐宫碧凝池，王维写诗表达了忧国伤怀之情。

曾参啮指心痛　清·王素

十一 尤

① 荣对辱，喜对忧。缱绻对绸缪①。吴娃对越女②，野马对沙鸥。茶解渴，酒消愁。白眼对苍头③。马迁修史记④，孔子作春秋⑤。莘野耕夫闲举耜⑥，渭滨渔父晚垂钩⑦。龙马游河，羲帝因图而画卦⑧；神龟出洛，禹王取法以明畴⑨。

注释： ①**缱绻：** 情投意合，缠绵。**绸缪：** 缠绵。②**吴娃：** 吴地美女。唐白居易《城上夜宴》诗："诗听越客吟何苦！酒被吴娃劝不休。"娃，少女，美女。③**白眼：** 晋代诗人阮籍为人狂放不羁，喜作青白眼，对庸俗之人以白眼视之，表示鄙薄。**苍头：** 本指战国时以青巾裹头的军士。此指头发斑白之人。④**马迁修史记：** 西汉史学家司马迁著《史记》，是我国第一部纪传体史书。⑤**孔子作春秋：** 孔子编著春秋时期的鲁国史书，名《春秋》。⑥**莘野耕夫：** 指商朝的伊尹，他本是有莘国的奴隶。后被商汤用为相。《孟子·万章上》："伊尹耕于有莘之野，而乐尧舜之道焉。"莘，即有莘国。**耜：** 古代一种类似锹的农具。⑦**"渭滨"句：** 西周初年的太师姜子牙，晚年垂钓于渭水之滨遇周文王，被聘为太师。后佐武王伐纣灭殷，建立周王朝，被尊为"尚父"。⑧**"龙马"二句：** 传说伏羲氏时有龙马背负图出于黄河，即为"河图"。伏羲依据"河图"而创造了八卦。⑨**"神龟"二句：** 传说古代有神龟背负书出于洛水，即"洛书"。夏禹取法"洛书"，制定了治国的基本法则。畴，本意为田地；此为法则、规范。

❷

冠对履，舄对裘①。院小对庭幽。面墙对膝地②，错智对良筹③。孤嶂耸④，大江流。芳泽对圜丘⑤。花潭来越唱，柳屿起吴讴⑥。莺懒燕忙三月雨，蛩摧蝉退一天秋⑦。钟子听琴⑧，荒径入林山寂寂；谪仙捉月⑨，洪涛

注释：①**舄**：加木底的鞋。②**膝地**：即坐在地上。古人坐姿以膝着地，屁股坐在小腿后侧上。③**错智**：汉文帝时大臣晁错足智多谋，人称"智囊"。**良筹**：汉初佐刘邦灭项羽的张良，善筹划，刘邦称赞他"运筹帷幄之中，决胜千里之外"。④**嶂**：直立像屏障的山峰。⑤**芳泽**：生长着芬芳花草的湖泽。**圜丘**：古代皇帝祭天的土坛。圜，同圆，圆形。又特指天体，易卦说："乾为天，为圜。"⑥**柳屿**：绿柳成荫的小岛。**讴**：歌声，民歌。⑦**蛩**：蟋蟀。⑧**钟子听琴**：《列子·汤问》载：春秋时伯牙善弹琴，钟子期听出琴音中的高山流水的声音，二人成为知音，结成生死之交。钟子期死后，伯牙因没有知音，就把琴摔坏了。⑨**谪仙**：贬居世间的仙人，此指唐代诗人李白。**捉月**：传说李白醉酒后看见水中有月亮，入水捉月而淹死。

孔子圣迹图之赤虹化玉

接岸水悠悠。

❸ 鱼对鸟,鹈对鸠①。翠馆对红楼。七贤对三友②,爱日对悲秋③。虎类狗④,蚁如牛⑤。列辟对诸侯⑥。陈唱临春乐⑦,隋歌清夜游⑧。空中事业麒麟

注释:①鹈:鹈鸪,鸟名。鸠:鸟名,常见的有绿鸠、斑鸠等。②七贤:晋初的嵇康、阮籍、山涛等七人以诗酒交游,称"竹林七贤"。三友:古人称松、竹、梅为岁寒三友。③爱日:即爱惜时日。《大戴礼记·曾子立事》:"君子爱日以学,及时而行。"悲秋:战国时楚国辞赋家宋玉,著《九辩》,抒发了失意文人对秋风萧瑟的哀怨之情,是古代悲秋的代表作。④虎类狗:汉代马援《戒兄子书》:"画虎不成反类狗。"比喻弄巧成拙,贻笑大方。⑤蚁如牛:晋朝有人耳朵患病,听蚂蚁爬动之声如牛斗。⑥列辟:列国君主。辟,天子、诸侯国君的通称。⑦陈唱临春乐:南朝陈后主荒淫奢侈,常在所建的临春阁上通宵达旦地歌饮作乐。⑧隋歌清夜游:隋炀帝好游乐,冬天剪彩作花,夏日放萤火虫,并让人歌唱所作《清夜游》曲。

伯牙鼓琴图 元·王振鹏

阁①，地下文章鹦鹉洲②。旷野平原，猎士马蹄轻似箭；斜风细雨，牧童牛背稳如舟。

注释：①"空中"句：汉宣帝建麒麟阁，于阁中绘本朝元老霍光等功臣像。空中事业即指高阁中所展示的业绩。②"地下"句：鹦鹉洲在湖北武昌长江之中，因东汉末年辞赋家祢衡曾在此作《鹦鹉赋》而得名。江夏太守黄祖忌恨祢衡之才，将他杀死，葬于该地。地下文章指人死后的传世之作。

竹林七贤图·杨柳青年画

十二 侵

歌对曲，啸对吟。往古对来今。山头对水面，远浦对遥岑①。勤三上②，惜寸阴③。茂树对平林。卞和三献玉④，杨震四知金⑤。青皇风暖催芳草⑥，白帝城高急暮砧⑦。绣虎雕龙⑧，才子窗前挥彩笔；描鸾刺凤，佳人帘下度金针⑨。

注释：①浦：水滨，或小水流注入江海之处。岑：小而高的山，或崖岸。②勤三上：古代人认为善于读书者要利用好"三上"之功，即枕上、路上、厕上。③惜寸阴：意思是分毫的光阴都要珍惜。④卞和三献玉：楚人卞和向楚王三献璞玉之事。⑤杨震四知金：杨震是东汉青州刺史，有人夜怀十金送给他，并说深夜无人知晓。杨震说："天知，神知，我知，子知。何谓无知？"拒而不受。⑥青皇：指司春之神青帝。⑦"白帝"句：这是唐代诗人杜甫《秋兴八首》中的诗句。白帝城，在今重庆奉节县长江北岸。砧，捣衣石，此指捶衣的声音。⑧绣虎：三国时曹植文才很高，世人称其诗文为"绣虎"。雕龙：南北朝的刘勰，撰文学理论名著《文心雕龙》，论述古今文体。⑨度金针：传授刺绣的针法。金元好问《论诗》："鸳鸯绣了从教看，莫把金针度与人。"

2

登对眺,涉对临。瑞雪对甘霖。主欢对民乐,交浅对言深。耻三战①,乐七擒②。顾曲对知音③,大车行槛槛④,驷马骤骎骎⑤。紫电青虹腾剑气⑥,高山流水识琴心⑦。屈子怀君,

注释: ①耻三战:《史记·齐太公世家》载:春秋时,鲁与齐三战皆败。齐桓公五年鲁将曹沫在齐鲁盟会上劫持齐桓公,逼迫齐国归还在三战中夺去的土地。②乐七擒:三国时诸葛亮率军南征,对蛮将孟获七擒七纵,终使其心服归顺蜀汉。③顾曲:欣赏音乐、戏曲。《三国志·周瑜传》载:周瑜精通音乐,"虽三爵之后,其有阙误,瑜必知之,知之必顾",因此有"曲有误,周郎顾"之说。知音:即钟子期与伯牙结为知音的故事。④槛槛:车行的声音。槛,又音 kǎn。《诗经·王风·大车》:"大车槛槛。"⑤驷马:同拉一辆车的四匹马。骎骎:马跑得很快的样子。⑥紫电青虹:形容宝剑的光芒。⑦"高山"句:是化用钟子期听琴的故事。《列子·汤问》:"伯牙弹琴,志在高山,钟子期曰:'善哉!峨峨兮志在高山。'志在流水,钟子期曰:'善哉,洋洋兮若江河。'"

千秋绝艳图之无双 清·焦秉贞

极浦吟风悲泽畔[①]；王郎忆友，扁舟卧雪访山阴[②]。

注释：①屈子：屈原遭放逐后仍然怀念楚王和故国。《楚辞·渔父》有"屈子行吟泽畔"的句子。极浦：极远的水滨。吟风：在风中啸吟。②"王郎"二句：东晋王子猷（名徽之，王羲之之子）居山阴时，一雪夜忽然思念旧友戴逵，于是连夜驾小船造访，到戴家时兴尽，未及进门又驾船而返。扁舟，小船。山阴，古县名，即今浙江省绍兴市。

屈子行吟图　明·陈洪绶

十三 覃 (shí sān tán)

① 宫对阙①，座对龛②。水北对天南。蜃楼对蚁郡③，伟论对高谈。遴杞梓，树梗楠④。得一对函三⑤。八宝珊瑚枕，双珠玳瑁簪。萧王待士心惟赤⑥，卢相欺君面独蓝⑦。贾岛诗

注释：①阙：古代皇宫大门前两边供瞭望的楼，泛指帝王的居所。②龛：供奉神佛的小阁子。③蜃楼：即海市蜃楼，大气中由于光线的折射作用而形成的一种幻景，多在夏天出现在沿海一带或沙漠地方。古人误认为蜃吐气而成，所以叫海市蜃楼，也叫蜃景，常用来比喻虚幻的事物。蚁郡：唐传奇《南柯太守传》载：一书生醉梦中到了大槐安国，并被招为驸马，还派他任南柯郡守。醒后发现原来是睡觉处槐树下有个蚂蚁窝。④"遴杞"二句：选拔和培养优秀人才。遴，谨慎选择。树，栽培，培养。杞、梓、梗、楠都是优良树木，比喻优秀人才。⑤得一：《老子》认为，"道"是派生万物之本，"一"是万物之始，又是万物之终极。因此得一便是得纯正之道，得万物之契机。函三：即三种含义。汉代经学大师郑玄著《易赞》，认为《易》的名称包括了"简易""变易""不易"三种含义。⑥"萧王"句：东汉光武帝刘秀早年被封为萧王。刘秀对部下能以诚相待，将士愿为用命。他曾招降铜马义军将领，封列侯。降将议论说："萧王推赤心置人腹中，安得不投死乎！" ⑦"卢相"句：唐德宗时宰相卢杞，面蓝，心地奸邪，被称为"蓝面鬼"。

狂，手拟敲门行处想①；张颠草圣，头能濡墨写时酣②。

② 闻对见，解对谙③。三橘对双柑④。黄童对白叟⑤，静女对奇男⑥。秋七七⑦，径三三⑧。海色对山岚⑨。鸾声何哕哕⑩，虎视正眈眈⑪。仪封疆吏知尼父⑫，函谷关人识老聃⑬。江相

注释：①"贾岛"二句：中唐诗人贾岛以炼字苦吟闻名。一次贾岛赋得"僧敲月下门"诗句，又想改"敲"为"推"，在路上以手作推敲状，不觉冲撞了京兆尹韩愈的车驾，韩愈知道实情后认为"敲"字佳。这就是"推敲"的典故。②"张颠"二句：唐代书法家张旭，字伯高，善狂草，性嗜酒，酒饮到兴头上，往往以头蘸墨，呼叫狂走而书。濡，沾染。③谙：熟悉。④三橘：三国吴陆绩幼时随大人到袁术家做客，在席间怀藏三橘回家孝母，其行为时人称奇。然此处疑指一种药酒。双柑：南朝宋人戴颙于春日带两只柑子一斗酒到林中听莺而饮。⑤黄童：儿童。因儿童头发黄而称"黄童"。白叟：老年的男人。因老人头发白而称"白叟"。⑥静女：犹言淑女。《诗经·邶风·静女》："静女其姝，俟我于城隅。"静有贞静、娴静之意。奇男：与众不同的男子。⑦秋七七：即古代术士殷七七，传说他能击掌作幻术，在秋天让杜鹃花立刻开放。⑧径三三：宋杨万里于东园辟九径，分植不同的花木，名曰三三径。⑨山岚：山中的雾气。⑩鸾：铃。哕哕：有节奏的车铃声。《诗经·鲁颂·泮水》："鸾声哕哕。"⑪虎视正眈眈：《周易·颐》："虎视眈眈，其利逐逐。"眈眈，注视貌。⑫仪：地名，在今河南省开封市北部一带，春秋时属卫国。封疆吏：即《论语》中说的"封人"，守边的官吏。尼父：即孔子。孔子名丘，字仲尼。父，古代对男子的尊称。当年孔子经过仪邑，广施教化，仪封人称赞孔子是上天派来唤醒大众的。⑬函谷：战国时秦设的关口，在今河南省灵宝市东北。老聃：即老子。老子姓李名耳，字聃。传说老子西游，函谷关令尹喜见有紫气浮关，推测老子将到，果然不久老子即乘牛而来。

归池，止水自盟真是止^①；吴公作宰，贪泉虽饮亦何贪^②。

> 注释：①"江相"二句：南宋末左丞相江万里在山后凿一池，题名为"止水"。后来江率军抵抗元军，兵败城破后投池而死。②"吴公"二句：晋代吴隐之为官清廉，任广州刺史时，听说当地有贪泉，传说人饮其水即贪，于是试饮此泉，并题诗道："试使夷齐饮，终当不易心。"说明贪廉与是否饮泉水无关。宰，春秋时期卿大夫私邑长官的称呼，后引申指地方长官。

孔子圣迹图之仪封仰圣图　明·佚名

十四盐

宽对猛①,冷对炎。清直对尊严。云头对雨脚,鹤发对龙髯②。风台谏③,肃堂廉④。保泰对鸣谦。五湖归范蠡⑤,三径隐陶潜⑥。一剑成功堪佩印⑦,百钱满卦便垂帘⑧。浊酒停杯,容我半酣愁际饮⑨;好花傍座,看他微笑悟时拈⑩。

注释:①**宽对猛**:指两种统治手段。宽,宽厚,仁慈。猛,威猛,严厉。②**鹤发**:老人头发如鹤羽般白。多用鹤发童颜形容高寿者。**龙髯**:龙须,指老人胡须。③**风**:同讽。微言劝告。**台谏**:朝廷御史台谏官。④**肃堂廉**:官堂之上庄严整肃。⑤**五湖归范蠡**:春秋时越国大夫范蠡佐越王勾践灭吴后,就带着西施泛舟五湖,传说后来经商成巨富,即陶朱公。五湖,泛指古代的五个湖泊。⑥**三径隐陶潜**:东晋陶渊明《归去来辞》有"三径就荒,松菊犹存"的句子。⑦**"一剑"句**:战国时纵横家苏秦身佩一剑游说东方的齐、楚等六国合纵抗秦取得成功,最后佩了六国的相印。⑧**"百钱"句**:汉成帝时隐士严遵,字君平,曾在成都卖卜,日得百钱能维持生计,即闭门垂帘研究《易经》。⑨**"浊酒"二句**:唐代杜甫《登高》诗:"艰难苦恨繁霜鬓,潦倒新停浊酒杯。"⑩**"好花"二句**:传说释迦牟尼在灵山说法,手拈一花示众,众弟子均不解其意,惟摩诃迦叶知道。因为当时释迦佛正在传佛的心印,而摩诃迦叶知道,佛把心印传给了他。

2

连对断，减对添。淡泊对安恬①。回头对极目，水底对山尖。腰袅袅②，手纤纤③。凤卜对鸾占④。开田多种粟，煮海尽成盐。居同九世张公艺⑤，恩给千人范仲淹⑥。萧弄凤来，秦女有缘能跨羽⑦；鼎成龙去，轩臣无计得攀髯⑧。

注释：①安恬：安闲、恬静。②袅袅：细长柔软貌。③纤纤：细长貌。④凤卜对鸾占：凤是传说中的神瑞之鸟，鸾也属凤类。凤卜、鸾占都是宜嫁娶的吉祥之卦。元杂剧《琵琶记·强就鸾凤》："谩说道，姻缘事，果谐凤卜。"⑤"居同"句：唐高宗时张公艺长寿，祖孙九世同堂。皇帝问他长寿的秘诀，他写了百余个"忍"字呈上。⑥"恩给"句：宋代政治家、文学家范仲淹官至副宰相。他做官时在家乡广施恩惠，出资养育族中贫困者。⑦"萧弄"二句：指萧史、弄玉二人吹箫引凤，跨凤成仙之事。⑧"鼎成"二句：相传黄帝铸一大鼎置于荆山之下，有黄龙从天而降接走了黄帝。当时黄帝的许多臣僚想攀着龙髯上天，结果被甩落地下。黄帝，姓公孙，居于轩辕之丘，号轩辕氏。髯，两颊的胡须。

陶潜归庄图　元·何　澄

3 人对己，爱对嫌。举止对观瞻。四知对三语①，义正对辞严。勤雪案，课风檐②。漏箭对书笺③。文繁归獭祭④，体艳别香奁⑤。昨夜题诗更一

注释：①**四知**：即东汉青州刺史杨震拒收礼金事。**三语**：《晋书·阮瞻传》载：晋代阮瞻（《世说新语》作"阮修"）很自得，司徒王戎（《世说新语》作"太尉王衍"）问他关于老子和孔子学问的异同，他只回答"将无同"三字，被王戎任命为掾吏，人称"三语掾"。②**勤雪案，课风檐**：指在艰苦的条件下仍坚持学习。③**漏箭**：古代滴水计时的漏壶中随水漂浮指示刻度的箭。④**獭祭**：水獭贪食，往往多捕鱼摆放在滩涂备食，如设祭祀。后用来比喻写文章堆砌辞藻典故。唐李商隐为文时，多检阅书册，被人嘲为"獭祭鱼"。⑤**体艳别香奁**：唐代诗人韩偓好作艳诗，被称为香奁诗。香奁，妇女的梳妆盒。

弄玉图 清·吴友如

字[①]，早春来燕卷重帘。诗以史名[②]，愁里悲歌怀杜甫[③]；笔经人索，梦中显晦老江淹[④]。

注释：①"昨夜"句：《五代史补》载：唐僧人齐己作《早梅》诗有"前村深雪里，昨夜数枝开"的句子，诗人郑谷将"数枝开"改为"一枝开"，被人称为"一字师"。②诗以史名：唐代诗人杜甫常以诗咏叹时事，反映历史和人民疾苦，被称为"诗史"。③"愁里"句：指杜甫因报国无门和穷困潦倒的人生经历所形成的诗歌创作基调。④"笔经"二句：南朝诗人江淹梦中得五色笔而才思敏捷，后又梦郭璞将五色笔要走，从此再也写不出好诗，即所谓江郎才尽。显，明；晦，暗。显晦意为由明亮变为昏暗，指江淹的文思进退。

雪景故事图　清·孙祜

十五 咸

1 栽对植，薙对芟①。二伯对三监②。朝臣对国老，职事对官衔。鹿麌麌③，兔毚毚④。启椟对开缄⑤。绿杨莺睍睆⑥，红杏燕呢喃⑦。半篱白酒娱陶令⑧，一枕黄粱度吕岩⑨。九夏炎飙⑩，长日风亭留客骑⑪；三冬寒冽⑫，漫天雪浪驻征帆。

注释：①薙、芟：都是除去野草。②二伯：指周初的周公旦和召公奭二人助武王灭商，后又一同辅佐成王。伯，诸侯之长，或古代五等爵之第三等。三监：周武王灭商后，把纣王之子武庚封于商都，派自己的三个弟弟管叔、蔡叔、霍叔共同对其监督，称"三监"。③麌麌：兽群聚集貌。《诗经·小雅·吉日》："兽之所同，麀鹿麌麌。"《毛传》："麌麌，众多也。"④毚毚：兔狡猾貌。毚，狡兔。《说文》："毚，狡兔也。"《诗经·小雅·巧言》："跃跃毚兔，遇犬获之。"⑤椟：本是写字用的狭长木板，指书籍、文书、书信。缄：信写好后要封缄，故以缄指书信。⑥睍睆：光泽明亮的样子。⑦呢喃：燕子的叫声。⑧"半篱"句：语出东晋陶渊明《饮酒诗》："采菊东篱下，悠然见南山。"篱，篱笆。陶令，陶渊明曾任彭泽令。⑨"一枕"句：唐代某书生在旅店梦见自己一生荣华富贵之事。度吕岩：吕岩受超度。吕岩，即八仙中的吕洞宾，名岩。"黄粱梦"的故事，原出自唐沈既济的传奇《枕中记》。后人附会成钟离权超度、点化吕岩，如元范康的杂剧《竹叶舟》、元马致远的杂剧《黄粱梦》、明吴元泰的小说《东游记》。⑩九夏：夏季的九十天。炎飙：热风。飙，暴风，泛指风。⑪骑：人乘坐马。⑫三冬：冬季的第三个月，即腊月。冽：冷。

2

梧对杞,柏对杉。夏濩对韶咸①。涧瀍对溱洧②,巩洛对崤函③。藏书洞④,避诏岩⑤。脱俗对超凡。贤人羞献媚,正士嫉工谗⑥。霸越谋臣推少伯⑦,佐唐藩将重浑瑊⑧。邺下狂生,

注释：①夏濩：是夏代和商代的两种乐名。《礼记·乐记》郑玄注："夏，禹乐名也。"《周礼·春官·大司乐》："以乐舞教国子舞云门……《大夏》《大濩》……"郑玄注："《大濩》，汤乐也。"韶咸：尧舜时代的乐名，即《箫韶》和《咸池》。②涧、瀍：水名，均是洛水支流，在今河南省境内。溱、洧：水名，亦在今河南省境内。③巩：地名，今河南省巩义市。洛：洛水，黄河支流。崤：崤山，在今河南省洛宁县北，西北接陕县界。函：函谷关，在崤山西北。④藏书洞：湖南省沅陵小酉山石穴中相传有秦人所藏秘籍。⑤避诏岩：相传是汉初商山四皓为避高祖征诏隐居处。也有说是陈抟在华山隐居处。⑥工谗：擅长毁谤。⑦"霸越"句：使越国称霸。少伯，即春秋末年越国大夫范蠡，字少伯，他佐越王勾践伐灭吴国，建立了霸业。⑧"佐唐"句：浑瑊是唐德宗时中兴名将，祖上为铁勒族。他跟随郭子仪，多次击败吐蕃的进攻，又平定藩镇之乱，屡立战功，官左金吾大将军兼中书令。藩将，卫国之将。

丛桂篱菊图 清·钱吉生

羯鼓三挝羞锦袄①；江州司马，琵琶一曲湿青衫②。

❸ 袍对笏③，履对衫。匹马对孤帆。琢磨对雕镂④，刻划对镌镵⑤。星北拱⑥，日西衔。卮漏对鼎馋⑦。江边生

注释：①"邺下"二句：史载三国时狂士祢衡因触犯曹操，被罚在邺下做鼓吏。曹操想污辱祢衡，在会集群臣的宴会上命祢衡击鼓助兴，祢衡裸体而击《渔阳参挝》，当众羞辱身着锦袄的曹操。邺下，今河北临漳西南，汉建安十八年（公元213年）曹操为魏王定都于此。羯鼓，我国古代的一种鼓，据说来源于羯族。三挝，敲击《渔阳参挝》。②"江州"句：唐代诗人白居易被贬为江州司马时，在浔阳江边遇沦落为歌伎的琵琶女为他弹奏一曲，引发诗人沦落江湖之感，遂写成长诗《琵琶行》，中有"座中泣下谁最多，江州司马青衫湿"二句。江州，今江西九江。③袍：锦袍官服。笏：古代君臣在朝廷上相见时手中所持的狭长板子，用玉石、象牙或竹做成，上面可以记事。④琢磨：雕琢打磨。镂：雕刻，镂空。⑤镌：雕刻。镵：用针刺。《淮南子·秦族》："刻肌肤，镵皮革。"高诱注："越人以箴刺皮为龙文。"⑥星北拱：说众星环绕北极星。《论语·为政》："为政以德，譬如北辰，居其所而众星拱之。"⑦卮：一种圆形酒器。漏：泄漏。《韩非子·外储说·右上》："人为人主而漏其群臣之语，其犹无当之玉卮也。"鼎馋：汉焦赣《易林·需之解》："染其鼎鬵，舌馋于腹。"鼎，古代器物名，用于烹煮食物。馋，贪吃。

江州司马青衫泪
明·《元曲选插图》

浔阳商妇琵琶行
明·《元曲选插图》

祢正平裸衣骂贼·
《图像三国志》

桂若①，海外树都咸②。但得恢恢存利刃③，何须咄咄达空函④。彩凤知音，乐典后夔须九奏⑤；金人守口，圣如尼父亦三缄⑥。

注释：①桂若：桂树和杜若两种芳香植物。②都咸：一种生长在广南山谷中似李的果木。据《本草》，其籽实、皮、叶都可作香美的饮料。③"但得"句：《庄子·养生主》："恢恢乎游刃必有余地。"说庖丁解牛，技术高超，刀刃游走于筋骨间而不受损伤。恢恢，宽绰有余。④咄咄达空函：《晋书·殷浩传》载：晋代殷浩将升任朝廷要职，写信答谢举荐他的桓温，因过于兴奋，结果寄出一封空函。最终未做成高官而受刺激，整日在空中划"咄咄怪事"四字。⑤"彩凤"二句：传说舜时司乐之官后夔奏乐能使凤凰来仪。九奏，奏乐九曲，也称"九成"。《尚书·益稷》："箫韶九成，凤凰来仪。"⑥"金人"二句：史载孔子入周太庙，见有铜人嘴被封了几层，背后还有铭文："古之慎言人也。"孔子表示应学金人之慎言。金人，铜人。守口，闭口不言。尼父，孔子名丘，字仲尼，尊称尼父。三缄，三缄其口，指言语谨慎。

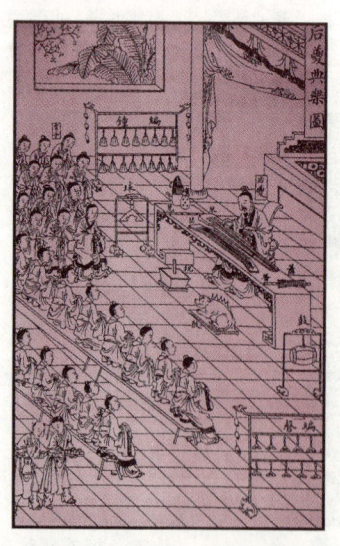

后夔典乐图　清·《钦定书经图说》　　　孔子圣迹图之金人示慎